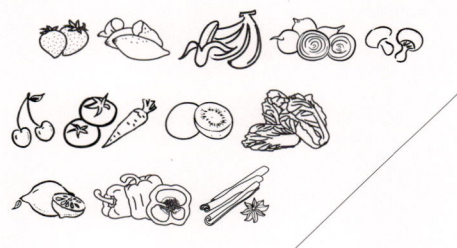

아이손요리학교
아동요리지도사 1급

아이손요리학교
아동요리지도사 1급

아이손요리학교 아동요리지도사 1급 실기 강의 동영상 이용방법

아동요리지도사 1급 자격취득을 위한 실기 동영상 강의

PC 이용방법

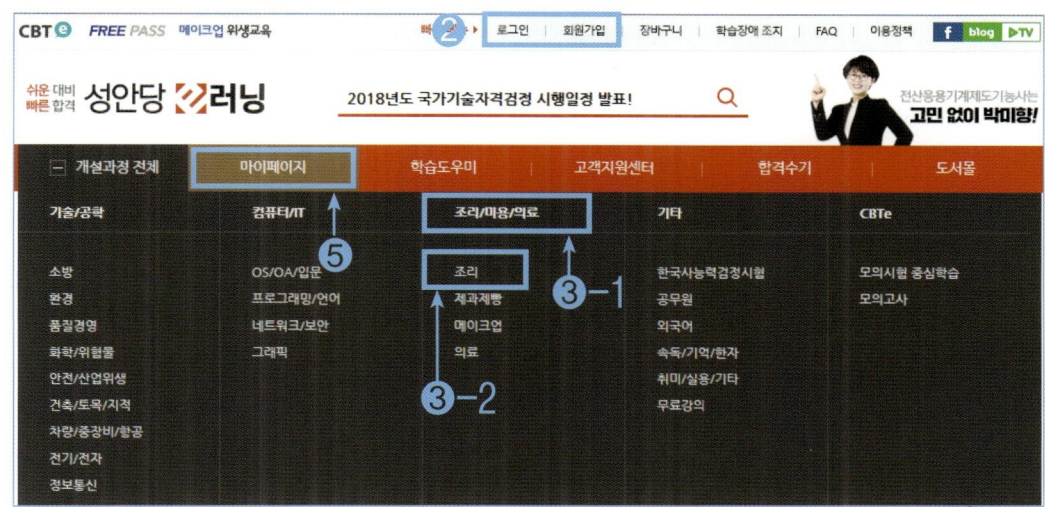

① 성안당 e러닝(bm.cyber.co.kr) 홈페이지 접속
② 회원가입 후 로그인
③ 개설과정에서 "조리/미용/의료 〉 조리" 클릭
④ "아이손요리학교 아동요리지도사 실기" 강의 클릭 후 구매하기
⑤ 마이페이지에서 동영상 강의 수강

모바일 이용방법

QR코드를 이용하시면 모바일로 동영상 강의를 빠르게 수강하실 수 있습니다.

① QR코드를 이용하여 바로 동영상 강의로 접속
② "구매하기"를 클릭 후 로그인 페이지로 이동
③ 회원가입 후 로그인
④ 강좌 구입 후 마이페이지에서 동영상 강의 수강

※ 모바일 강의 수강 시 학습 장소의 네트워크 환경이 좋지 못할 경우 학습하실 강의를 미리 다운로드 받으시어 끊김 없이 학습을 진행하실 수 있는 강의 다운로드 기능을 사용하실 수 있습니다.

동영상 문의
031-950-6332

상담시간 09:00~18:00
점심시간 12:30~13:30(주말, 공휴일 휴무)

강의 내용 및 교재 문의
031-950-6345

아이손요리학교
아동요리지도사 1급

2018. 4. 17. 초 판 1쇄 인쇄
2018. 4. 24. 초 판 1쇄 발행

지은이 | 김기범, 장형심
펴낸이 | 이종춘
펴낸곳 | BM 주식회사 성안당

주소 | 04032 서울시 마포구 양화로 12″ 첨단빌딩 5층(출판기획 R&D 센터)
     | 10881 경기도 파주시 문발로 112 출판문화정보산업단지(제작 및 물류)
전화 | 02) 3142-0036
     | 031) 950-6300
팩스 | 031) 955-0510
등록 | 1973. 2. 1. 제406-2005-000046호
출판사 홈페이지 | www.cyber.co.kr
ISBN | 978-89-315-8235-2 (13590)
정가 | 23,000원

이 책을 만든 사람들
책임 | 최옥현
기획 · 진행 | 박남균
교정 · 교열 | 박남균, 에프엔
본문 디자인 | 에프엔
표지 디자인 | 에프엔
홍보 | 박연주
국제부 | 이선민, 조혜란, 김해영
마케팅 | 구본철, 차정욱, 나진호, 이동후, 강호묵
제작 | 김유석

이 책의 어느 부분도 저작권자나 BM 주식회사 성안당 발행인의 승인 문서 없이 일부 또는 전부를 사진 복사나 디스크 복사 및 기타 정보 재생 시스템을 비롯하여 현재 알려지거나 향후 발명될 어떤 전기적, 기계적 또는 다른 수단을 통해 복사하거나 재생하거나 이용할 수 없음.

■ 도서 A/S 안내

성안당에서 발행하는 모든 도서는 저자와 출판사, 그리고 독자가 함께 만들어 나갑니다.
좋은 책을 펴내기 위해 많은 노력을 기울이고 있습니다. 혹시라도 내용상의 오류나 오탈자 등이 발견되면 "좋은 책은 나라의 보배"로서 우리 모두가 함께 만들어 간다는 마음으로 연락주시기 바랍니다. 수정 보완하여 더 나은 책이 되도록 최선을 다하겠습니다.
성안당은 늘 독자 여러분들의 소중한 의견을 기다리고 있습니다. 좋은 의견을 보내주시는 분께는 성안당 쇼핑몰의 포인트(3,000포인트)를 적립해 드립니다.
잘못 만들어진 책이나 부록 등이 파손된 경우에는 교환해 드립니다.

아이손요리학교
아동요리지도사 1급

BM 성안당

들어가는
글

아이들을 대상으로 아동요리학교를 운영하면서 늘 '아동요리에 관한 책을 제대로 만들어 보자!'라는 생각을 품고 있었습니다.

그리고 지금 ㈜아이손컴퍼니가 아동요리 전문회사로 한 걸음 더 도약하기 위한 노력의 결과로 아동요리지도사 자격증을 발급하는 기관이 되었습니다. 그래서 이 기회에 '아동요리에 관한 책을 제대로 만들어 보자!'라는 생각을 드디어 실천으로 옮기게 되었습니다.

아이들과 함께 요리수업을 하다 보면, 아이들은 어느 순간 어리고 장난기 가득한 모습에서 벗어나 음식 만들기에 집중하고, 정성스럽게 음식을 만들고, 만들어진 음식을 보며 즐거워합니다. 또한, 만든 음식을 부모님 혹은 친구들과 함께 즐겁게 나누는 그들의 모습을 부모의 마음으로 뿌듯하게 바라보기도 합니다. 그래서 우리 아이들이 요리수업에서뿐만 아니라 집에서 가족들과 학교 또는 여러 기관에서 선생님 혹은 친구들과 함께 즐겁게 요리를 만들 수 있으면 좋겠다는 마음에서 이 책을 출간하게 되었습니다.

이 책은 아동요리를 위한 책이면서 창업과 방과후활동 지도를 위한 아동요리지도사 자격증 취득용 수험서입니다. 기존의 수험서와는 차별하여 내용을 편집하였고, 아동에게만 초점이 맞추어 있는 것이 아닌 아동요리지도사 자격증을 준비하는 분들과 부모님들에게도 적용 가능한 아동요리에 관한 좋은 책이라 자부할 수 있습니다.

이 책으로 우리 아이들이 즐거운 요리를 통하여 밝고 건강하게 성장할 수 있었으면 하는 바람이며 계속해서 노력하는 ㈜아이손컴퍼니가 될 것을 약속드립니다.

이 책을 기획하고 준비하며 출간하기까지 많은 도움을 주신 ㈜성안당 출판사 관계자분들과 ㈜아이손컴퍼니 아동요리학교를 운영할 수 있게 도와주신 위황 이사님, 박도현 이사님, 황정인 선생님, 정다린 선생님께 특별히 감사의 마음을 전합니다.

㈜아이손컴퍼니 대표 김기범
국가조리기능장 장형심

contents

들어가는 글 006

프롤로그

아동요리의 이해를 부탁해 010
- 아동요리란
- 아동요리의 기초 교육
- 아동요리의 효과적 가치

아동요리는 음식을 통한 성장문화다 012
- 촉감놀이 문화
- 오감놀이 문화

아동요리지도사는 전문직이다 014
- 평생직업 아동요리지도사
- 아동요리지도사의 활동

PART 01
아동요리지도사 자격을 위한 요리 016

- ■ 요리에 필요한 기초 도구들 020
- ▲ 요리에 필요한 기본재료 021

#01 코코넛 아몬드 봉봉쿠키 022
#02 바나나 스틱 빼빼로 026
#03 크랜베리 반달 꿀떡 030
#04 공룡알 피자빵 034
#05 롤리폴리 꼬치빵 038
#06 동글동글 견과 약밥 042
#07 구운 닭고기 샐러드 046
#08 통팥 넣은 미니 고구마 050
#09 떡갈비 완자 054
#10 고깔 만두 058
#11 삼색 바나나 완자 꼬물이 062
#12 말하는 채소 햄버거 066
#13 궁중 떡 잡채 070
#14 뱅어포 소고기 샌드위치 074
#15 생딸기 젤리뽀 078
#16 과일 핫케이크 082
#17 크림치즈 떡볶이 086
#18 꼬꼬 닭꼬치 090
#19 파프리카 볶음밥 전 094
#20 과일 백김치 098
#21 참치 폭탄밥 102
#22 이름 설기떡 106
#23 단호박 요거트 과일 케이크 112
#24 생레몬 넣은 마들렌 114
#25 생강 쿠키맨 118
#26 소고기 비빔국수 122
#27 강황쌀 크랜베리 쌀강정 126
#28 못난이 미니 핫도그 130
#29 과일 소스 미니 함박볼 134
#30 이불 덮은 당근밥 138
#31 눈 오는 마을 142
#32 조물조물 단호박 아란치니 146
#33 비행접시 도너츠 150
#34 꽃 약과 154
#35 과일 손 모찌 158
#36 체리 요거트 푸딩 162
#37 도깨비 영양빵 166
#38 블루베리 케이크 크레페롤 172
#39 생크림 샤브레 174
#40 단호박 무스 몽블랑 178

PART 02
아동요리지도사 자격을 위한 이론 184

- ■ 식품 위생학 186
- ▲ 식품학 192
- ● 조리과학 198

- ◆ 참고 문헌 204

프롤로그

" 아동요리의 이해를 부탁해 "

01 아동요리란

'아동요리'라는 단어가 생긴 지 불과 몇 년 되지 않았지만, 생각해 보면 이미 오래전부터 시작되었다고 해도 과언은 아니다. 어릴 적 친구들이 모여서 붉은 벽돌로 고춧가루를 만들고, 버려진 배춧잎을 버무려 김치를 만들고, 흙을 긁어모아 밥을 짓는 등의 소꿉놀이가 어찌 보면 오늘날 아동요리의 시초라고 할 수 있다. 또한 동요 속에 '모래알로 떡해 놓고'라는 가사에서 보듯이, 아동요리는 오래전부터 우리 생활 가까이에서 시작되고 있었고, 이것이 오늘날 요리라는 문화적 교육으로 탈바꿈 되었다고 할 수 있다.

그렇다면, 아이들에게 요리란 무엇일까?

요리는 실제 어른도 하기 힘들고 어려운 것이라고 말할 수 있지만, 아이들은 요리를 통해 주방에 대한 호기심뿐만아니라 자연스러운 교육을 통해 음식의 중요성을 알게 되고, 다양한 음식으로 자기를 표현할 수 있는 등의 흥미로운 교육을 받을 수 있다. 인스턴트 시대에 우리 아이들이 어릴 때부터 음식에 대한 기본 지식과 음식이 주는 건강에 대해 알아가고, 직접 만들면서 재미를 갖는 것도 아동요리의 또다른 목적이라고 할 수 있다.

아동요리에 대한 단어적 정의는 '아동에게 가장 기초적인 요리지식을 가르치는 것'이다. 그래서 성인들이 아닌 아이들에게 요리를 가르치기란 절대 쉽지 않기 때문에 먼저 아이들에 대한 기초 지식을 바탕으로 교육되어야 하며, 쉽게 싫증 나는 아이들에게 강요가 아닌, 요리에 대한 흥미와 재미 위주로 스스로 만들 수 있도록 하여야 한다.

그러므로 '아동요리는 영유아의 발달과정에서 지적능력, 기초학습능력, 탐구능력 그리고 자기주도학습능력을 발전시켜 주는 역할을 할 수 있는 것'이다.

02 아동요리의 기초 교육

아동요리를 통한 기초적인 교육 발달 내용은 다음과 같다.

1) 미술적 감각 : 다양한 요리 재료를 통해 색감을 익힐 수 있으며, 오리기, 붙이기, 만들기, 두둘기기, 반죽하기, 꾸미기, 그리기 등으로 미술적 감각을 익힐 수 있다.

2) **수학적 감각** : 요리를 만들게 되면 계량컵이나 계량스푼을 이용하게 되고, 재료가 익어가는 시간, 요리의 가짓수, 요리의 재료를 나눌 방법과 저울의 사용 등으로 수학적 감각을 익힐 수 있다.

3) **과학적 감각** : 음식이 익으면서 변화되는 모습이나 재료들의 성질과 색의 변화와 재료의 질량과 밀도 등이 열에 의한 변화가 일게 되므로 과학적 감각을 배워 나아갈 수 있게 된다.

4) **논리적 감각** : 요리를 직접 만들어 보고, 만든 요리에 대한 평가와 발표를 통해 개인적 논리에 맞게 감정과 생각을 표현하게 된다. 그러므로 다양한 과정에서 자연스러운 논리적 감각을 익히게 된다.

5) **도구에 대한 습득** : 요리에 필요한 도구를 사용하기 때문에 조리 도구의 위험성을 알게 되고, 조리 도구를 안전하게 사용함으로 맛있는 음식을 먹을 수 있다는 것을 배우게 된다.

6) **탐구 능력적 발달** : 주입식 수업방식이 아닌, 평상시 먹는 음식에 대한 호기심으로 흥미를 느낄 수 있는 놀이 형태의 요리를 만들기 때문에, 요리에 대한 탐구 능력이 발달하게 된다.

03 아동요리의 효과적 가치

아동요리를 통한 효과적 가치는 다음과 같다.

1) 정서를 발달시켜 주고 언어적 능력을 표현시켜 준다.

요리는 인스턴트 식품을 만드는 것이 아닌 시간과 인내를 필요로 하는 과정이기 때문에 집중력과 인내심을 배우게 되고, 직접 만든 요리에 대한 자부심으로 안정된 정서를 만들어 갈 수 있고, 조리법과 조리 도구에 대한 명칭을 알게 되고, 음식에 대한 지식을 알게 되므로 가정에서도 쉽게 언어를 표현할 수 있는 능력을 키워줄 수 있다.

2) 위생과 식재료의 중요성에 관한 새로운 지식을 습득한다.

어린이들은 위생에 대한 지식을 습득하기가 쉽지 않고, 또한 어떠한 음식이 좋고 나쁜 것인지를 구분하기 어렵다. 따라서 요리 교육을 통해 재료를 구분하는 법과 재료를 통한 음식의 탄생 과정을 습득할 수 있고, 음식을 만드는 손을 통해 균이 입안으로 침투할 수 있으므로 깨끗하게 만들어야 한다는 것을 배우게 되고, 음식을 만든 후에는 주변을 깨끗이 정리해야 한다는 위생 등을 습득하게 된다.

3) 자신감과 예절 습관이 생긴다.

요리를 만들었다는 성취감과 만족감으로 인해 아동은 자신감이 생기게 된다. 자신감은 어디에서든 스스로 자신의 의견을 발표하고, 긍정적 표현을 하게 만들게 된다. 또한, 음식을 만들면서 주변 친구들과 화합의 중요성도 알게 되고, 음식에 대한 예절을 배우게 된다.

프롤로그

" 아동요리는 음식을 통한
성장 문화다 "

아동요리는 음식을 통해 스스로 성장할 수 있는 문화이기 때문에 아동요리를 배우면서 자연스럽게 촉감을 느낄 수 있고, 오감을 알 수 있게 된다.

01 촉감놀이 문화

음식 재료를 통한 촉감놀이는 피부로 전달되는 능력을 향상하게 하며 소근육발달에 도움이 된다. 가령 딱딱한 콩을 만지거나, 말랑말랑한 밀가루를 반죽만 해도 촉감 발달에 아주 좋다.
소근육이란 손가락이나 발가락 같은 작은 근육의 발달을 말하지만, 소근육의 발달로 인해 두뇌가 발전될 수 있기 때문에 소근육의 발달이 그만큼 중요시된다. 가령, 손가락을 많이 움직이면 뇌가 발달되는 영향을 주기 때문에 영·유아 및 아동기에의 촉감놀이는 매우 중요하다고 할 수 있다.
따라서 요리는 다양한 촉감놀이를 할 수 있는 식재료들이 무수히 많아서 요리문화를 통해 자연적 촉감놀이를 할 수 있다

02 오감놀이 문화

오늘날의 교육은 다섯 가지 감각을 익히는, 즉 오감을 만족하게 해주는 교육에 대한 열정이 대단하다.예전에는 단순한 교구를 이용한 오감 교육이었다면, 요즘은 식재료를 통한 창의적 오감 교육에 대한 활동에 더 중심을 두고 있다고 할 수 있다.
오감놀이는 어렵게 생각할 필요가 없으며 일상의 식재료에서도 다양하게 얻을 수 있고, 표현할 수 있으며, 이러한 재료는 적은 비용으로 얼마든지 찾을 수 있다.

오감놀이의 가장 기초가 될 수 있는 것 또한 아동요리라고 할 수 있는데, 음식을 만들기 전 재료를 만지게 되면 촉각이라는 감각적 능력을 향상시킬 수 있다. 예를 들어, 물에 적신 다시마를 만지게 되면 다시마의 미끈거리는 느낌을 바로 피부를 통해 전달받을 수 있게 된다.

또한, 음식을 만들 때 재료의 맛으로 단맛과 짠맛 신맛과 쓴맛 그리고 매운맛을 느낄 수 있는 미각이 발달하게 된다.

식재료를 통해 미각과 촉각을 알게 되었다면, 재료를 통해 요리하는 과정에서는 청각과 시각적 감각이 발달하게 된다. 재료의 싱싱한 상태, 고기 또는 과일, 야채의 색깔과 요리하는 동안 변화되는 상태를 보고 시각적 감각이 발달하게 되고, 요리하는 과정에서의 써는 소리, 팬에 익히는 소리, 물소리, 익는 소리 등으로 청각에 대한 감각을 발전시키게 된다.

그 외 요리가 요리를 만드는 과정에서 후각적 감각도 발전시키게 된다. 익는 냄새와 재료에서 나오는 냄새로 인해 후각의 발달이 다양하게 냄새에 대한 특징을 알게 되며 자연스럽게 발전되어 지는 것이다.

그만큼 아동요리는 놀이를 통해 오감을 만족시키고 발달하는 놀이 문화라고 할 수 있다.

프롤로그

" 아동요리지도사는
전문직이다 "

'아동요리지도사'는 단순히 요리를 가르치는 직업이 아닌, 영·유아 및 아동에 대한 전문적 지식을 바탕으로 오감 발달학습, 촉감 발달학습, 논리적 감각, 과학적 감각, 수학적 감각, 도구에 대한 습득, 탐구능력적 발달 등에 도움을 줄 수 있도록 요리프로그램을 설계하고 기획, 개발시키고, 교육을 만들어가는 전문직으로 인정받고 있다.

요즘 아이들은 할 일도 많고, 배울 것도 많으며, 점차 배워가는 나이도 점점 어려지고 있다. 이러한 아이들이 많은 것을 한꺼번에 얻을 수 있는 배움 중 하나가 바로 아동요리라고 할 수 있을 만큼 아동요리에 대한 교육 열풍이 뜨겁게 떠오르고 있다. 아동요리는 요리와 교육이 함께 이루 지기 때문에 그만큼 사회적 쟁점이 되고 있다.

아동교육과 요리를 결합해 만들어 가는 아동요리지도사는 전문가로서 갖추어야 할 인성과 아동들에 대한 배려와 요리를 통해 아동들이 학교에서나 가정에서도 배울 수 없는 교육을 전달하는 의미를 가지고 스스로 개발하고 나아간다면, 훌륭한 아동요리 전문직의 지도자가 될 수 있다.

01 평생직업 아동요리지도사

평생직업으로도 손색이 없을 정도로 오늘날 점점 주목받는 직업 중 하나가 바로 아동요리지도사라고 할 수 있다.

왜냐하면, 아동에 대한 교육은 과감하게 이루어지고 있으며, 요리라는 콘텐츠와 프로그램의 성장으로 인해 점점 더 많은 관심을 받고 있으며, 또한 요리에 대한 직업이 대세라는 말이 나올 정도로 발전되고 있기 때문이다. 또한, 요리는 단순히 음식을 만드는 것을 넘어 '교육과 예술'이라고 표현될 정도로 매력이 있다고 할 수 있다.

따라서 아동들이 요즘 하나의 학습 문화로 요리를 배운다는 것은 깊은 의미가 있기 때문에, 아동요리지도사라는 직업은 평생직업으로도 손색이 없을 것이다.

02 아동요리지도사의 활동

1. 아동요리 교육원
피아노 학원이나 발레 학원처럼 개인이 교육원을 설립하고 운영할 수 있다. 아동요리 교육원과 함께 아동 파티원도 함께 운영 가능하다.

2. 아동요리 강사
유치원과 방과 후 학교 활동, 보육시설 및 복지관, 대학의 평생교육원, 문화센터 등에서 강사로 얼마든지 활동할 수 있다. 또한 다문화 가정이 늘어나고 있기 때문에 한국음식 문화를 어릴 때부터 교육이 절실히 필요 시 되기 때문에 국가적 차원에서도 교육과정을 늘려 나가고 있다.

3. 가정식 요리교실
가정에서도 소규모와 소자본으로도 운영할 수 있다. 사회활동을 하는 부모들은 아이들을 단순히 위탁 기관 등에 맡기기보다는 아동요리와 같은 실제적인 교육을 통해 성장하는 것을 더욱 선호하기 때문에 가정식 요리교실을 많이 찾고 있다.

4. 키즈 카페
키즈 카페는 어린이들이 뛰어놀 수 있는 실내 놀이 공간이지만, 한쪽에서 키즈요리교실을 운영할 수도 있다. 어린이들은 요리를 배우는 것에 매우 흥미가 있으며, 식재료에 대한 호기심이 많기 때문에, 놀이 공간에서도 얼마든지 요리교실을 운영할 수 있다.

PART 01
아동요리지도사 자격을 위한 요리

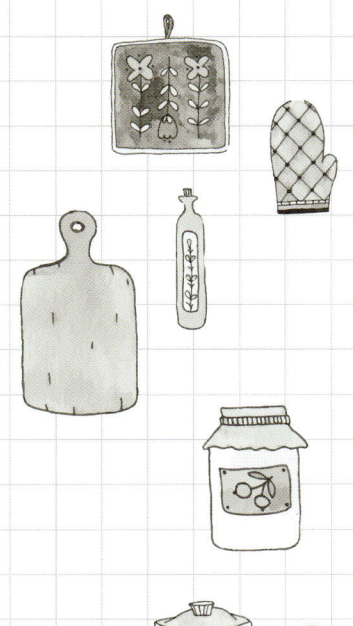

코코넛 아몬드 봉봉쿠키

바나나 스틱 빼빼로

크랜베리 반달 꿀떡

공룡알 피자빵

롤리폴리 꼬치빵

동글동글 견과 약밥

구운 닭고기 샐러드

통팥 넣은 미니 고구마

떡갈비 완자

고깔 만두

삼색 바나나 완자 꼬물이

말하는 채소 햄버거

궁중 떡 잡채

뱅어포 소고기 샌드위치

생딸기 젤리뽀

과일 핫케이크

크림치즈 떡볶이

꼬꼬 닭꼬치

파프리카 볶음밥 전

과일 백김치

 참치 폭탄밥

 이름 설기떡

 단호박 요거트 과일 케이크

 생레몬 넣은 마들렌

 생강 쿠키맨

 소고기 비빔국수

 강황쌀 크랜베리 쌀강정

 못난이 미니 핫도그

 과일 소스 미니 함박볼

 이불 덮은 당근밥

 눈 오는 마을

 조물조물 단호박 아란치니

 비행접시 도너츠

 꽃 약과

 과일 손 모찌

 체리 요거트 푸딩

 도깨비 영양빵

 블루베리 케이크 크레페롤

 생크림 샤브레

 단호박 무스 몽블랑

요리에 필요한 기초 도구들

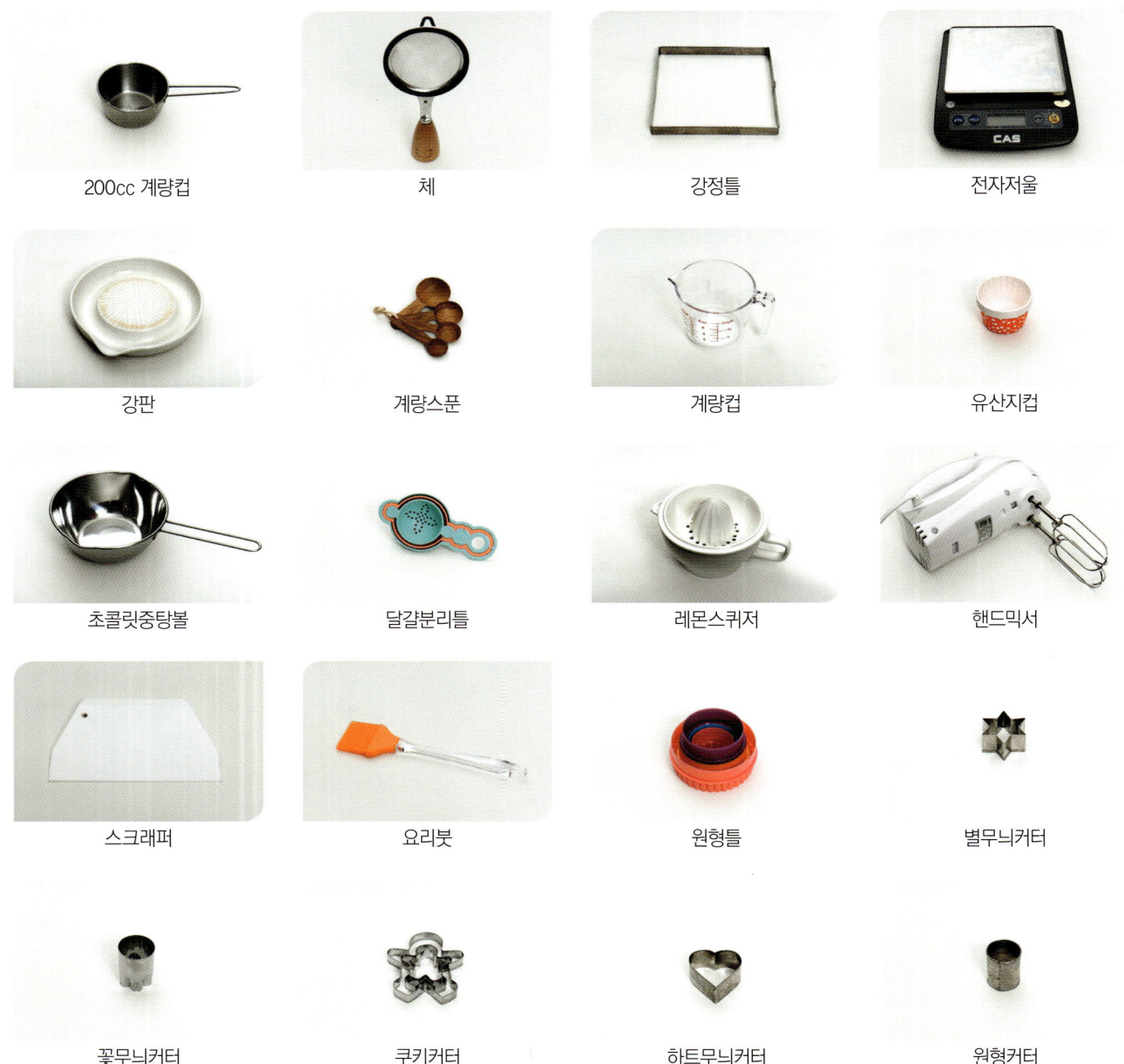

요리에 필요한 기본재료

한천가루 / 녹차가루 / 단호박가루

딸기가루 / 밀가루 / 버터

블루베리가루 / 시나몬가루 / 천연색소들

슈가파우더 / 아몬드가루 / 코코아가루

#01 코코넛 아몬드봉봉 쿠키

#01
코코넛 아몬드봉봉 쿠키

📢 요구사항
- 쿠키의 크기를 일정하게 만드시오.
- 쿠키는 10개 정도 만들고, 색이 타지 않게 골고루 반죽하시오.

재료 준비
- 코코넛 롱슬라이스 100g
- 버터 30g
- 달걀 1개
- 아몬드 20g
- 바닐라가루 1g
- 슈가파우더 20g

① 버터는 상온에서 녹여 준비한다.

② 달걀은 그릇에 골고루 풀어 준비한다

③ 아몬드는 칼로 곱게 다져 놓는다.

④ 풀어 놓은 달걀에 바닐라가루와 버터를 넣고 섞다가 슈가파우더와 코코넛 롱슬라이스를 넣고 골고루 섞는다.

⑤ 섞어 놓은 ④에 다진 아몬드를 넣고, 다시 한 번 더 섞어 준다.

⑥ 오븐팬에 만들어 놓은 반죽을 3×1cm 크기로 동글납작하게 만들어 175~180℃의 예열된 온도에서 10분 정도 구워 완성한다.

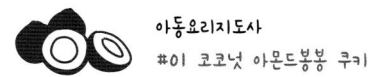

아동요리지도사
#01 코코넛 아몬드봉봉 쿠키

코코넛을 먹어야 하는 이유는 무엇일까?

코코넛은 열대 과일 중의 하나입니다.
섬유소가 풍부하기 때문에 아이들의 장 운동에도 좋아 변비 예방에 아주 효과적이기도 하지요.
또한, 코코넛은 수분이 많아 소화에도 도움이 되고 흡수율도 높아요.

코코넛에는 이런 성분이 들어 있어 좋아요

코코넛에는 마그네슘과 칼슘이 다량 함유되어 있어
성장기 어린이와 노약자에게 좋은 식품이에요.

코코넛의 영양성분은 다음과 같아요

100g 기준

칼륨	147.00mg	칼슘	20.00mg	콜레스테롤	0.00mg	식이섬유	1.10g	마그네슘	32mg

맛있게 만든 코코넛 아몬드봉봉 쿠키를 그려 보고,
예쁘게 색칠해 보아요.

#02 바나나 스틱 빼빼로

#02
바나나 스틱 빼빼로

📢 요구사항
- 빼빼로 크기를 일정하게 만드시오.
- 초콜릿을 골고루 입혀주고, 손잡이 부분이 약 3cm 정도 남도록 만드시오.

🍎 재료 준비
- 바나나 100g
- 밀가루 80g
- 코코넛가루 20g
- 베이킹파우더 1g
- 버터 30g
- 소금 1g
- 달걀 1개
- 블랙 초콜릿 100g
- 땅콩가루 50g
- 옥수수가루 50g

① 바나나는 껍질을 벗겨 곱게 으깨어 놓는다.

② 으깨 놓은 바나나에 밀가루와 옥수수가루 20g, 베이킹파우더, 소금, 코코넛 가루를 체에 친 후 달걀을 넣고 골고루 섞는다.

③ 버터는 살짝 녹여 ②에 넣고 섞어 준다.

④ 만들어 놓은 반죽을 10분 정도 휴지 시키고 바닥에 옥수수가루를 덧 가루로 뿌리고 약 15cm 길이의 막대 모양으로 만든다.

⑤ 오븐 팬에 만들어 놓은 바나나 스틱을 놓고 약 170℃ 온도에서 20분 정도 굽는다.

⑥ 그릇에 초콜릿을 담고 중탕을 한 후 초콜릿이 녹으면, 구워 놓은 바나나 스틱을 손잡이만 남겨 놓고, 초콜릿에 담가 빼고 땅콩 가루에 한 번 굴린 후 초콜릿이 굳으면 담는다.

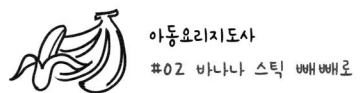

아동요리지도사
#02 바나나 스틱 빼빼로

바나나를 먹어야 하는 이유는 무엇일까?

바나나에는 폴리페놀이 들어 있어 면역력을 높여 주지요.
또한, 바나나는 천연 올리고당과 식이섬유가 풍부하고, 항산화 효과가 커서
노화 방지에 뛰어나며, 당질이 뇌에 빠르게 전달되기 때문에
성장기 어린이에게 아주 좋은 과일이에요.

바나나에는 이런 성분이 들어 있어 좋아요

멜라토닌이라는 성분이 긴장을 완화 시켜 주고, 에너지원이 되는 과당도 함유되어 있으며,
소화가 어려운 어린이에게 주식으로도 이용할 수 있어요.

바나나의 영양성분은 다음과 같아요.

100g 기준

| 칼로리 | 87kcal | 탄수화물 | 27.1% | 단백질 | 1.2% | 섬유소 | 0.5% | 지방 | 0.3% |

맛있게 만든 바나나 스틱 빼빼로를 그려 보고,
예쁘게 색칠해 보아요.

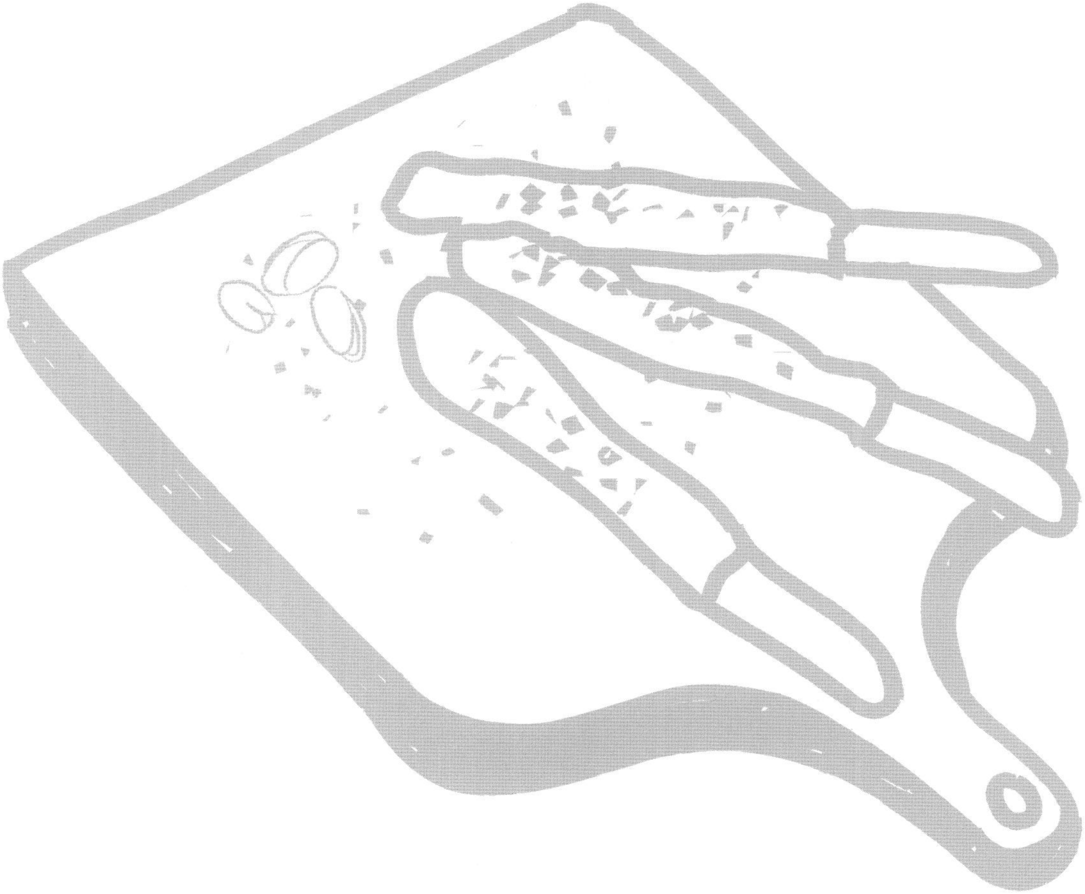

#05 크랜베리 반달 꿀떡

#03 크랜베리 반달 꿀떡

📢 요구사항
- 반달 모양이 될 수 있도록 끝을 뾰족하게 잡으시오.
- 크기를 일정하게 만드시오.
- 3개 정도 만드시오.

🧒 재료 준비
- 강력분 200g
- 꿀 50g
- 버터 30g
- 소금 1g
- 달걀 1/2개
- 이스트 6g
- 탈지분유 10g
- 물 80g
- 호두 20g
- 크랜베리 30g
- 땅콩분태 10g
- 식용유 50g

① 강력분과 달걀, 소금, 탈지분유, 이스트를 물과 함께 넣고 믹서로 골고루 섞는다.

② 버터를 거품기로 저어서 녹으면 ①에 넣고 골고루 섞는다.

③ 반죽을 20분 정도 따뜻하게 발효시킨 후 약 50g씩 나눠 10분 정도 중간 발효를 한다.

④ 호두, 아몬드, 크랜베리, 땅콩은 입자 있게 굵게 다져 꿀과 함께 섞어 놓는다.

⑤ 동그란 반죽 속에 꿀에 섞은 견과류를 넣고 반달 모양으로 끝을 뾰족하게 만든다.

⑥ 만들어 놓은 반달 꿀떡을 프라이팬에 기름을 두르고 은근히 앞뒤로 눌러 가며 굽는다.

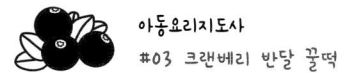

아동요리지도사
#03 크랜베리 반달 꿀떡

크랜베리를 먹어야 하는 이유는 무엇일까?

크랜베리는 서양의 복분자라고 할 정도로 항산화 성분이 아주 풍부하지요.
또한, 안토시아닌이라는 성분은 시력 보호와 야맹증 개선에 도움이 되기 때문에
어린이에게 좋은 식품이에요.

크랜베리에는 이러한 성분이 들어 있어요

크랜베리는 체내에 부착하는 박테리아를 막아주는 역할을 하는
프로 안소시아닌이 들어 있으며,
위장병에도 좋은 식품이지요.

크랜베리의 영양성분은 다음과 같아요.

100g 기준

칼륨	베타카로틴	칼슘	콜레스테롤	비타민
82.00mg	28.00㎍	14.00mg	0.00mg	5.00mg RE

예쁘게 만든 크랜베리 반달 꿀떡을 그려 보고,
맛있게 색칠해 보아요.

#04 공룡알 피자빵

#04
공룡알 피자빵

📢 요구사항
- 공룡알 피자빵 3개를 완성 시키시오.
- 피자 소스를 피자빵 속에 흐르지 않게 넣으시오.
- 공룡알 피자빵 속을 깊지 않게 파 놓으시오.

🍎 재료 준비
- 찰떡빵 2개
- 피망 30g
- 양파 30g
- 파프리카 30g
- 옥수수알 20g
- 다진 소고기 50g
- 다진 마늘 10g
- 모차렐라 치즈 50g
- 양송이버섯 30g
- 토마토케첩 100g
- 생크림 10g
- 버터 10g
- 월계수잎 1잎
- 오레가노 1g
- 스위트 칠리소스 50g

① 피망과 파프리카는 속씨를 제거하고, 입자 있게 다지고, 양파도 깨끗이 씻어 입자 있게 다져 놓는다.

② 양송이버섯은 껍질을 벗기고 입자 있게 다지고, 옥수수 캔은 물기를 체에 빼놓는다.

③ 프라이팬에 버터를 넣고, 다진 마늘과 다진 소고기, 후춧가루, 소금을 넣고 볶다가 양파와 파프리카 피망을 넣고 볶다가 양송이를 넣어 볶는다.

④ ③에 토마토케첩과 스위트 칠리소스를 넣고 볶다가 물을 100g 넣고, 월계수잎과 오레가노를 넣고 약 20분 정도 졸인다.

⑤ 소스가 졸여지면 월계수잎을 꺼내고, 마지막에 생크림을 넣어 섞는다.

⑥ 찰떡빵은 1/3로 잘라 속을 파내고 그 안에 만들어 놓은 소스를 넣고, 그 위에 모차렐라 치즈와 옥수수를 넣어 예열된 180℃ 오븐에 넣고 5분 정도 구워 완성한다.

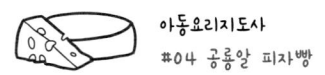
아동요리지도사
#04 공룡알 피자빵

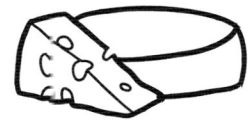

치즈를 먹어야 하는 이유는 무엇일까?

종류가 다양한 치즈는 소의 젖을 발효한 후 응고시켜 만든 제품이에요.
뼈에 꼭 필요한 칼슘이 다량 함유되어 있으며, 인산칼슘으로 체내 흡수율이 높아
우유를 못 먹는 어린이에게 아주 좋은 제품이지요.

치즈에는 다러한 성분이 들어 있어요

치즈는 가공식품이지만 치즈 10g 정도에 우유 단백질 100g 정도를 가지고 있지요.
소화흡수율이 높으며, 글루탐산이 들어 있어 감칠맛이 나기 때문에 거부감 없이
어린이가 먹을 수 있어요.

치즈의 영양성분은 다음과 같아요.

100g 기준

칼슘	635.00mg	비타민A	265.00mg re	단백질	24.30g	칼륨	54.00mg	철분	0.20mg

공룡이 나올 것 같은 피자빵을 그려 보고,
맛있게 색칠해 보아요.

#05 롤리폴리 꼬치빵

#05 롤리폴리 꼬치빵

📢 요구사항
- 삼색이 나오도록 만드시오.
- 세 꼬치를 만드시오.
- 롤이 풀어지지 않게 꼼꼼히 말아 놓으시오.

재료 준비
- 식빵 3장
- 호박고구마 100g
- 딸기잼 50g
- 생크림 20g
- 완두콩 100g
- 소금 1g
- 올리고당 30g
- 꽃이 3~6개
- 랩 30cm

① 호박고구마는 껍질을 벗겨 20분 정도 삶아 체에 내려 한 김 식으면, 생크림과 소금, 올리고당을 넣어 골고루 섞어 고구마 버터를 만들어 놓는다.

② 완두콩은 20분 정도 삶아 껍질을 벗기고 곱게 갈아 냄비에 담아 물기가 없을 때까지 볶다가 마지막에 생크림과 올리고당을 넣고 완두콩잼을 만들어 놓는다.

③ 식빵은 가장자리를 잘라내고, 밀대로 밀어 얇게 만들어 놓는다.

④ 밀대로 밀어 놓은 식빵 위에 만들어 놓은 고구마 버터를 발라 돌돌 말고, 랩을 말아 고정시킨다.

⑤ 다른 식빵도 각각 딸기잼과 완두콩잼을 넣어 돌돌 말고, 랩으로 고정시켜 놓는다.

⑥ 돌돌 말아 놓은 빵을 2cm 두께로 썰어 삼색이 되도록 꼬치를 꽂아 맨 끝에 리본으로 묶어 완성한다.

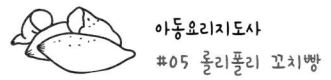

아동요리지도사
#05 롤리폴리 꼬치빵

고구마를 먹어야 하는 이유는 무엇일까?

고구마는 식이섬유가 감자의 두 배 이상 풍부하게 들어 있어
변을 부드럽게 만들어 주기 때문에
성장기 어린이에게 아주 좋은 식품이에요.
성분이 전분이지만 열량이 높지 않아요.

고구마에는 이러한 성분이 들어 있어요

안토시안과 베타카로틴이 들어 있으며, 비타민 C와 E가 풍부해요.
철분과 칼륨, 미네랄도 풍부하기 때문에 혈압을 내리는 데 많은 도움이 되어요.

고구마의 영양성분은 다음과 같아요.

100g 기준

비타민C	25mg	카로틴	40μg	식이섬유	2.8g	당질	33.1g	칼륨	380mg

돌돌 말아 만든 예쁜 롤리폴리 꼬치빵을 그려 보고,
맛있게 색칠해 보아요.

#06 동글동글 견과 약밥

#06
동글동글 견과 약밥

📢 요구사항
- 약밥이 질지 않게 물 조절을 잘하시오.
- 지름이 크지 않고 균일하게 뭉쳐 놓으시오.
- 5개 이상 만드시오.

🍎 재료 준비
- **불린 찹쌀** 200g
- **밤** 3알
- **대추** 2알
- **잣** 10알
- **호두** 20g
- **아몬드** 20g
- **흑설탕** 100g
- **소금** 1g
- **간장** 20g
- **참기름** 20g
- **꿀** 20g

① 불린 찹쌀에 흑설탕과 간장, 꿀, 소금을 넣고 골고루 비벼 놓는다.

② 밤은 껍질을 까서 0.5cm 크기로 썰고, 대추는 씨를 제거하고 0.5cm 크기로 네모지게 썰어 놓는다.

③ 아몬드와 호두도 0.5cm 크기로 썰어 준비한다.

④ 밥솥에 양념한 찹쌀을 넣고, 썰어 놓은 견과류와 대추를 넣고, 물을 120g을 넣고 밥을 짓는다.

⑤ 밥솥에 약밥이 다 지어지면, 꺼내어 참기름을 넣어 골고루 비벼 준다.

⑥ 약밥이 한 김 식으면, 지름 3cm 크기로 동글동글하게 뭉쳐 완성한다.

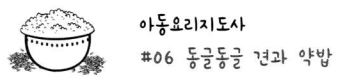
아동요리지도사
#06 둥글둥글 견과 약밥

찹쌀을 먹어야 하는 이유는 무엇일까?

찹쌀은 아밀로펙틴이라는 성분으로 이루어져 있어 찰기가 있고, 소화가 잘되고,
또한, 식물성 식이섬유가 가득 있어 성장기 어린이에게 좋고, 변비와 설사를 막아 주기도 하지요.

찹쌀에는 이러한 성분이 들어 있어요

찹쌀에는 비타민 D가 함유되어 있고, 항산화 작용을 도와주는 비타민 E와 프로라민 성분이 들어 있어
심장질환과 노화 방지에 도움을 주지요.
또한, 따뜻한 성분은 몸을 보호하고 칼로리를 태우고 혈액순환에 도움을 주지요.
비만 예방에도 좋아, 비만이 많은 성장기 어린이에게 도움이 되어요.

찹쌀의 영양성분은 다음과 같아요.

100g 기준

콜레스테롤	엽산	식이섬유	당질	칼륨
0.00mg	6.80μg	0.60g	82.20g	191.00mg

동글동글 견과밥을 맛있게 만들었어요.
동글동글하게 그려 보고, 맛있게 색칠해 보아요.

#05 구운 닭고기 샐러드

#07 구운 닭고기 샐러드

📢 요구사항
- 닭가슴살은 타지 않게 노릇노릇하게 구우시오.
- 채소는 물기를 충분히 제거하시오.

🍎 재료 준비
- 닭가슴살 100g
- 딸기 2알
- 파인애플 50g
- 어린잎 10g
- 발사믹 식초 50g
- 소금 0.5g
- 후춧가루 반꼬집
- 우유 50g
- 올리브오일 50g
- 리코타 치즈 30g
- 양상추 20g

① 닭가슴살은 우유에 약 10분 정도 담가 놓는다.

② 양상추는 손으로 뜯어 어린잎과 찬물에 담가 놓는다.

③ 우유에 재워 놓은 닭가슴살에 소금과 후추를 살짝 뿌려, 프라이팬에 올리브오일을 넣고 노릇노릇하게 구워, 종이에 기름을 빼고, 3×1×0.5cm 크기로 썰어 놓는다.

④ 딸기는 동글 하게 썰고, 파인애플은 삼각지게 썰고, 리코타 치즈는 둥근 모양으로 만들어 놓는다.

⑤ 물에 담가 놓은 양상추와 어린잎을 체에 건져 물기를 빼놓는다.

⑥ 접시에 양상추와 어린잎, 딸기, 파인애플, 리코타 치즈를 담고 그 위에 구워 놓은 닭가슴살을 올리고 발사믹 식초를 뿌려 완성한다.

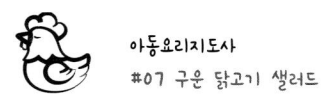
아동요리지도사
#07 구운 닭고기 샐러드

닭고기를 먹어야 하는 이유는 무엇일까?

필수 아미노산이 가득한 닭고기는 소고기나 돼지고기보다 소화가 잘되고,
단백질로 구성되어 있어 성장기 어린이의 근육발달에 좋은 역할을 하지요.

닭고기에는 이러한 성분이 들어 있어요

판토텐산과 니아신이 풍부해서 스트레스로 인한 신경 손상을 막아주며,
두뇌 성장에 좋은 단백질이 풍부하지요.
몸을 따뜻하게 하는 성질이 있어 닭을 끓여 국물을 마시면 감기에도 좋아요.

닭고기의 영양성분은 다음과 같아요.

100g 기준

단백질	판토텐산	철분	칼륨	니아신
23.3g	1.92mg	0.3mg	370mg	12.1mg

꼬꼬닭으로 만든 샐러드 안에는 어떤 과일이 들어있을까요?
그려 보고, 과일과 같은 색을 칠해 보아요.

#08 통팥 넣은 미니 고구마

#08
통팥 넣은 미니 고구마

📢 요구사항
- 미니 고구마의 형태가 나도록 빚으시오.
- 5개 이상 만드시오.

🧒 재료 준비
- 삶은 통팥 50g
- 고구마 150g
- 올리고당 20g
- 자색고구마 가루 20g
- 계핏가루 2g

①
고구마는 깨끗이 씻어 찜통에 김이 오르면 충분히 찐다.

②
쪄 놓은 고구마의 껍질을 벗겨 체에 곱게 내리고 뜨거운 김을 식혀 준비한다.

③
삶아 놓은 통팥은 냄비에 담고 올리고당을 넣어 졸이다가 마지막에 불을 끄고 계핏가루를 넣어 섞어 한 김 식힌다.

④
체에 내린 고구마는 작게 뭉쳐 놓는다.

⑤
뭉쳐 놓은 고구마 속 안에 통팥을 넣고 다시 뭉치면서 미니 고구마 모양을 만든다.

⑥
미니 고구마가 완전히 식었을 때 자색고구마 가루에 살짝 굴려 고구마 모양을 완성한다.

아동요리지도사
#08 통팥 넣은 미니 고구마

팥을 먹어야 하는 이유는 무엇일까?

팥은 전통적으로 귀신이나 질병을 쫓는 식품으로 아주 유명하지요.
그만큼 팥에는 좋은 성분이 가득 들어있기 때문인데, 팥에는 염증을 가라앉혀주고,
몸을 가볍게 만들어 주고, 비장과 위를 튼튼하게 만들어주지요.

팥에는 이런 성분이 들어 있어요

비타민 B1이 가득 들어 있어 각기병 예방에 좋으며 식욕부진과
수면장애, 기억력 감퇴에 도움이 되지요.
또한, 칼륨과 사포닌이 들어 있어 이뇨 작용과 고혈압 예방을 도와주어요.

팥의 영양성분은 다음과 같아요.

100g 기준

칼로리	단백질	철분	식이섬유	칼륨
312kcal	21%	5mg	17g	1500mg

아기 고구마 안에는 통통한 팥을 넣어서 만들었어요.
통통한 팥은 어떻게 생겼는지 그려 보고, 맛있게 색칠해 보아요.

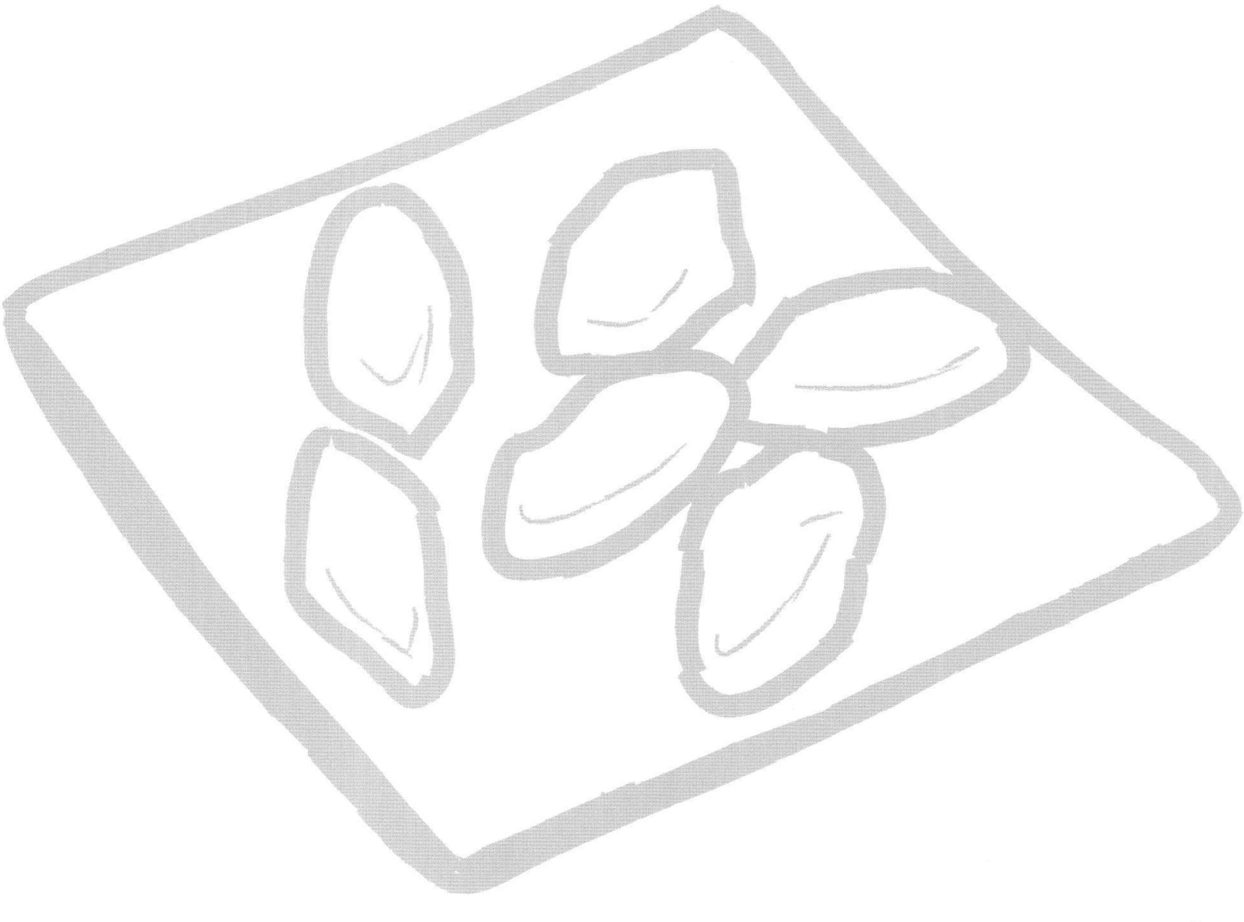

#09 떡갈비 완자

#09 떡갈비 완자

📢 요구사항
- 떡 중심에 소고기 완자를 넣으시오.
- 3개 이상 만드시오.

🍎 재료 준비
- 다진 소고기 150g
- 양파 20g
- 마늘 10g
- 대파 10g
- 떡볶이 떡 3개
- 배 20g
- 설탕 20g
- 후춧가루 0.1g
- 참깨 2g
- 참기름 5g
- 간장 20g
- 식용유 10g
- 찹쌀가루 10g

①

배를 곱게 갈아 체에 내려 다진 소고기에 넣어 골고루 섞어 잠시 숙성을 시킨다.

②

양파와 마늘, 대파는 곱게 다져 놓는다.

③

숙성시킨 다진 소고기에 ②의 양파와 마늘, 대파를 넣고 골고루 섞는다.

④

간장에 설탕, 후춧가루, 참깨, 참기름을 넣어 양념장을 만든다.

⑤

만들어 놓은 양념장을 ③에 넣고 골고루 섞어 잘 치댄 후 완자를 빚어 놓는다.

⑥

떡볶이 떡을 길게 반으로 잘라 찹쌀가루를 바르고, 빚어 놓은 완자를 떡 가운데 넣어 갈비 모양으로 만들어 팬에 노릇노릇하게 구워 완성한다.

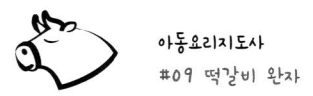

아동요리지도사
#09 떡갈비 완자

소고기를 먹어야 하는 이유는 무엇일까?

철분이 가득 들어 있는 소고기는 양질의 단백질과 비타민 B1을 공급하지요.
소고기의 단백질은 세포의 원료가 될 정도의 중요한 영양소이기 때문에
성장기 어린이의 발육촉진에 꼭 필요한 식품이지요.

소고기에는 이런 성분이 들어 있어요

소고기에 들어 있는 칼니틴 성분은 아미노산의 일종으로 지방을 태워서
에너지의 생산을 활발하게 하고, 흡수를 잘 되게 도와주는 헴철이라는 철분이 많이 들어있고,
비타민 B12가 포함되어 있어 빈혈에 도움을 주기도 하지요.

소고기의 영양성분은 다음과 같아요.

100g 기준

칼륨	262.00mg	철분	2.40mg	비타민A	12.00µgRE	단백질	21.00g	칼슘	11.00mg

맛도 좋은 떡갈비 완자를 만들었네요. 떡갈비 완자는 어떻게 생겼을까요?
떡갈비 완자를 그려 보고, 맛있게 색칠해 보아요.

#10 고깔 만두

#10
고깔 만두

📢 요구사항
- 시금치와 당근색이 나올 수 있게 반죽을 충분히 치대어 만드시오
- 고깔이 두껍지 않게 만드시오.

재료 준비
- 밀가루 300g
- 돼지 살코기 민찌 100g
- 애호박 30g
- 두부 20g
- 당근 50g
- 숙주 100g
- 마늘 10g
- 시금치 30g
- 식용유 10g
- 소금 1g
- 후춧가루 0.1g
- 참깨 1g
- 전분 20g
- 참기름 10g
- 검은깨 2g

① 시금치는 끓는 물에 소금을 넣어 데친 후 믹서에 갈아 즙을 만든다.

② 당근은 강판에 갈아 소창에 걸러 당근 물을 만들어 놓는다.

③ 밀가루를 세 개로 나눠 전분과 식용유를 넣고, 각각 물과 시금치 물, 당근 물을 넣고 반죽을 하고, 비닐봉지에 넣어 숙성을 시킨다.

④ 두부는 소창에 물기를 짜 놓고, 호박은 곱게 다져 소금에 절여 물에 한번 헹구어 물기를 꼭 짜 놓고, 숙주도 끓는 물에 데쳐 곱게 다져 물기를 짜 놓는다.

⑤ 돼지고기에 다진 마늘을 넣고 후춧가루와 소금을 넣어 비빈 후 다시 두부와 호박, 숙주를 넣고 참깨와 참기름을 넣어 골고루 섞어 만두소를 만든다.

⑥ 숙성된 밀가루 반죽 중에 하얀 반죽으로 만두피를 밀어 만두소를 넣고 동그랗게 빚고, 다시 당근과 시금치 반죽을 밀어 고깔을 만들어 빚은 만두 위에 올려 모자를 씌우고, 검은깨로 눈을 만들어 붙인 후 찜통에 김이 오르면 고깔 만두를 넣고 약 10분 정도 쪄서 완성한다.

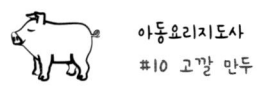

돼지고기를 먹어야 하는 이유는 무엇일까?

돼지고기는 빈혈과 성장에 필요한 뼈를 튼튼하게 만들어주는 철분이 다량 함유되어 있고,
몸에 필요한 면역력 증진과 영양을 공급해주는 역할을 하지요.

돼지고기에는 이런 성분이 들어 있어요

돼지고기에 있는 비타민 B군은 소고기보다 열 배가 많으며,
에너지를 만들어 피로를 없애고 원기를 높여주지요.
또한, 필수 지방산의 하나인 비타민 F가 다량 함유되어 있어
뇌에 대한 질환이 생기지 않도록 도와주기도 해요.

돼지고기의 영양성분은 다음과 같아요.

100g 기준

단백질	철분	칼륨	비타민 B1	니아신
20.5g	0.7mg	350mg	0.90mg	6.2mg

고깔을 쓰고 있는 만두가 아주 예쁘죠?
멋스럽게 고깔을 쓰고 있는 만두를 만들었으니, 예쁘게 그려 보고, 색칠해 보아요.

#11 삼색 바나나 완자 꼬물이

#11
삼색 바나나 완자 꼬물이

📢 요구사항
- 삼색이 뚜렷하게 나오도록 만들어 담아내시오.
- 삼각형 모양이 일정하도록 만드시오.

재료 준비
- 찹쌀가루 200g
- 바나나 200g
- 코코넛 롱슬라이스 50g
- 흑임자 50g
- 파란 콩가루 50g
- 설탕 50g
- 소금 1g

①
찹쌀가루를 체에 내려놓는다.

②
바나나를 잘라 체에 내린 찹쌀가루에 넣고, 골고루 섞는다.

③
뜨거운 물을 한 번에 조금씩 넣어 농도를 맞춰가면서 한 덩어리가 될 수 있도록 치대어 놓는다.

④
흑임자는 믹서에 곱게 갈아 다시 체에 내려 설탕을 넣어 섞어 검은색 가루를 만들어 놓는다.

⑤
파란 콩가루에 설탕을 섞어 준비한다.

⑥
반죽이 된 바나나 반죽을 지름 2cm 크기로 떼어 삼각형 형태의 꼬물한 모양을 만들고, 물을 한쪽에서 끓여 꼬물꼬물 만들어 놓은 반죽에 넣고 떠오르면 체로 건져, 찬 얼음물에 담가 다시 건져 물기가 빠지면 준비한 흑임자와 코코넛 롱슬라이스와 파란 콩가루에 각각 굴려 가루를 입히고, 그릇에 담는다.

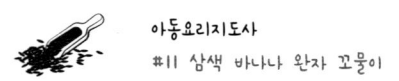

흑임자를 먹어야 하는 이유는 무엇일까?

흑임자는 참살이 식품 중 하나이며 항산화 작용이 다량 함유되어 있고,
눈 건강에 좋은 안토시아닌 색소가 들어 있어 성장기 어린이에게 매우 유익한 식품이지요.

흑임자에는 이런 성분이 들어 있어요

흑임자는 젊음을 되돌려 준다고 전해질 정도로 매우 좋은 식품 중 하나인데요,
불포화 지방산인 리놀레산과 인지질 및 비타민 E 성분이 가득하고,
칼슘과 칼륨도 다량 함유되어 있어요.

흑임자의 영양성분은 다음과 같아요.

100g 기준

칼슘	아연	단백질	식이섬유	칼륨
1,066.00mg	10.25mg	20.40g	22.03g	420.00mg

바나나로 만든 삼색 완자 꼬물이는 맛도 있고 꼬물꼬물하게 재미있게 생겼어요.
재미있게 만든 꼬물이를 그려 보고, 색칠해 보아요.

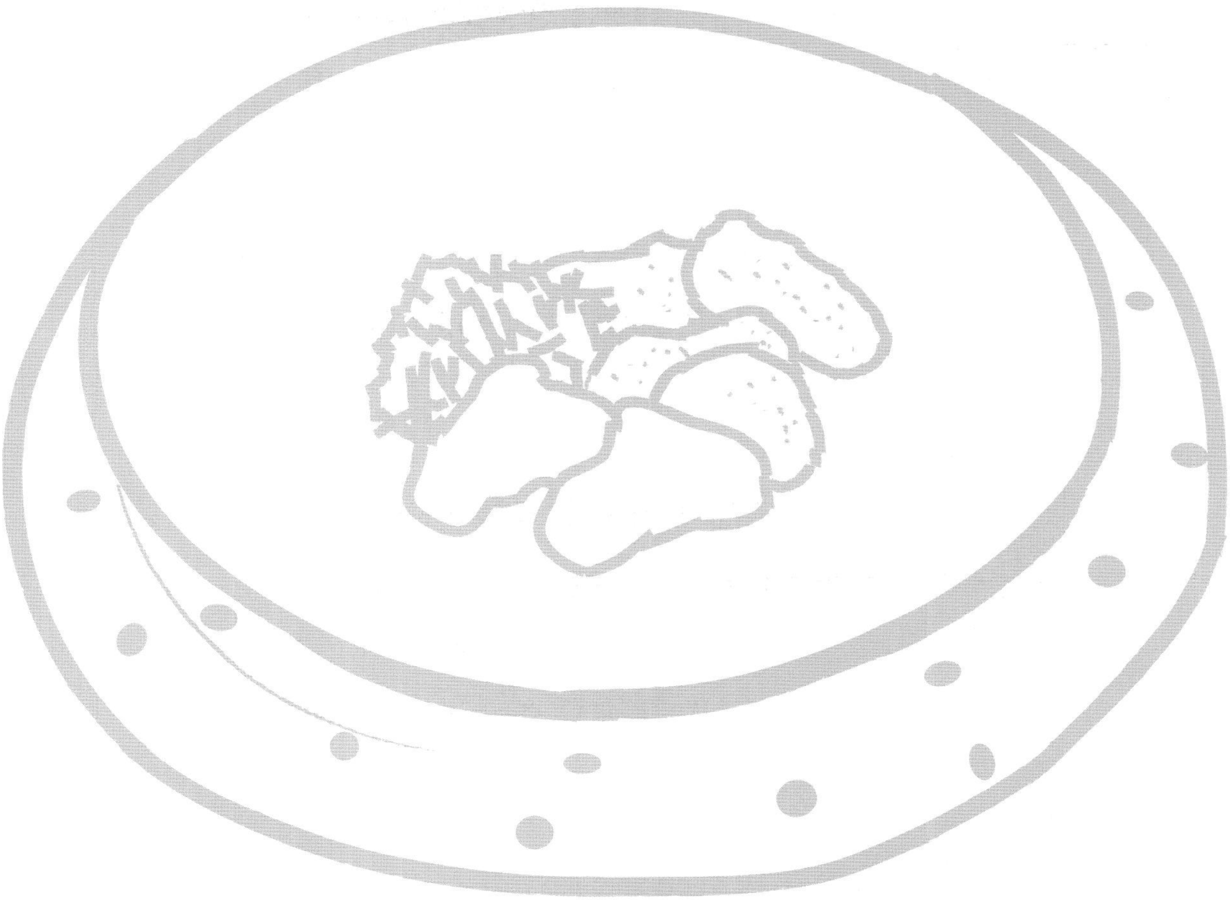

#12 말하는 채소 햄버거

#12
말하는 채소 햄버거

📢 요구사항
- 미니 햄버거빵에 감자를 넘치지 않게 담으시오.
- 빵에 눈이 떨어지지 않게 붙이시오.

🍎 재료 준비
- 미니 햄버거빵 2개
- 오이 20g
- 감자 150g
- 당근 20g
- 햄 20g
- 건포도 4알
- 달걀 1개
- 사과 20
- 소금 3g
- 마요네즈 20g

① 감자는 깨끗이 씻어 삶아 체에 곱게 내려놓는다.

② 당근과 오이는 깨끗이 씻어 입자 있게 다져 소금을 뿌려 살짝 절여 물기를 꼭 짜 놓는다.

③ 사과는 껍질째 깨끗이 씻어 입자 있게 다져 준비한다.

④ 달걀은 찬물에서 13분 정도 삶아 찬물에 식혀 껍질을 벗기고, 입자 있게 다져 놓는다.

⑤ 체에 내려놓은 감자에 당근과 오이, 사과, 달걀을 넣고 마요네즈를 넣어 골고루 섞어 놓는다.

⑥ 미니 햄버거빵은 1/5 정도 칼집을 사선으로 넣고, 햄은 1×1cm 크기로 썰어 빵 아래 붙여주고 그 밑에 감자 샐러드를 넣고, 빵 위에는 건포도를 눈처럼 붙여 완성한다.

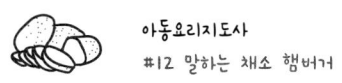

아동요리지도사
#12 말하는 채소 햄버거

감자를 먹어야 하는 이유는 무엇일까?

비타민 C가 사과의 9배나 많이 들어 있는 감자는 항산화 작용을 하며,
어린이에게 면역력 향상에 도움을 주지요.
감자는 주성분이 전분이지만, 익혀도 쉽게 비타민이 파괴되지 않는 좋은 식품이지요.

감자에는 이런 성분이 들어 있어요

당질 대사를 촉진할 수 있는 비타민 B1과 엽산이 들어있고,
몸속에 있는 나트륨의 배출을 도와주는 칼륨도 가득 들어있고,
하루에 두 알만 먹어도 비타민 C 하루 권장량을 모두 섭취했다고 할 정도이지요.
알칼리식품의 대표적 감자는 산성화된 체질을 개선해 주기도 하지요.

감자의 영양성분은 다음과 같아요.

100g 기준

| 칼륨 | 410mg | 마그네슘 | 20mg | 식이섬유 | 1.3mg | 당질 | 17.6g | 니아신 | 1.3mg |

친구들과 하고 싶은 말이 많은 채소 햄버거인가 봐요.
말하는 버거를 귀엽게 그려 보고, 예쁘게 색칠해 보아요.

#13 궁중 떡 잡채

#13 궁중 떡 잡채

📢 요구사항
- 떡을 부드럽게 만드시오.
- 떡이 달라붙지 않도록 하시오.

🍎 재료 준비
- 가래떡 100g
- 소고기 30g
- 피망 20g
- 붉은 파프리카 20g
- 양파 20g
- 배 20g
- 표고버섯 20g
- 대파 10g
- 마늘 10g
- 설탕 10g
- 참깨 3g
- 후춧가루 0.1g
- 참기름 5g
- 식용유 10g
- 소금 2g
- 간장 20g

① 가래떡은 6cm 길이에 1/4 길이로 썰어 뜨거운 물에 담가 놓는다.

② 배는 강판에 갈아 체에 받쳐 즙을 만들고, 소고기는 채를 썰어 배즙에 조물조물 재워 놓는다.

③ 표고버섯은 기둥을 제거하고 채를 썰고, 피망과 파프리카는 씨를 제거 하고 0.2cm 두께로 채를 썰고, 양파도 길게 채를 썰어 준비한다.

④ 마늘과 대파는 곱게 다지고, 간장에 설탕, 대파, 마늘, 후춧가루, 참깨, 참기름을 넣고 골고루 섞어 배즙에 재워 놓은 소고기에 넣어 골고루 양념장을 섞는다.

⑤ 프라이팬에 기름을 두르고, 양파와 피망, 파프리카에 소금을 넣고 재빠르게 볶아 내고, 표고버섯과 소고기도 차례로 볶아 낸다.

⑥ 뜨거운 물에 담가 놓은 가래떡을 체에 받쳐 물기를 빼고, 참기름과 소금으로 간을 하고, 볶아 놓은 채소와 소고기를 넣고 골고루 섞어 완성한다.

아동요리지도사
#13 궁중 떡 잡채

가래떡을 먹어야 하는 이유는 무엇일까?

가래떡은 쌀이 주재료이며, 지방이 적게 들었기 때문에
몸에 좋은 아미노산을 공급받을 수 있어요.
성장기 어린이가 좋아하는 과자보다도 훨씬 좋은 식품이에요.

가래떡에는 이런 성분이 들어 있어요

포도주 5배 이상의 항산화 물질인 폴리페놀이 들어 있기 때문에
가래떡을 구워 꿀과 함께 먹으면 더 좋은 영양 성분을 섭취할 수 있어요.

가래떡의 영양성분은 다음과 같아요.

100g 기준

식이섬유	0.6g	칼륨	24.02mg	칼슘	6.45mg	인	42.75mg	단백질	4g

쫄깃쫄깃한 떡으로 알록달록하게 만든 떡 잡채는 아주 옛날 임금님이 드셨던 잡채랍니다.
궁중 떡 잡채에는 어떤 재료로 만들었는지 그려 보아요.

#14 뱅어포 소고기 샌드위치

#14
뱅어포 소고기 샌드위치

🔊 요구사항

- 뱅어포 소고기 샌드위치는 윤기나게 졸여 제공하시오.
- 소고기 속이 빠지지 않도록 주의하시오.

🍎 재료 준비

- 다진 소고기 100g
- 뱅어포 1장
- 배 20g
- 참깨 2g
- 간장 30g
- 맛술 10g
- 올리고당 30g
- 설탕 15g
- 마늘 20g
- 대파 10g
- 양파 20g
- 후춧가루 0.1g
- 식용유 10g
- 참기름 3g
- 밀가루 20g

① 배를 강판에 갈아 체에 밭쳐 배즙을 만들어 다진 고기에 넣고 섞어 숙성을 시킨다.

② 마늘과 양파, 대파는 곱게 다져 놓는다.

③ 간장에 다진 마늘과 양파, 대파를 넣고, 설탕과 후춧가루, 참기름, 참깨를 넣어 불고기 양념장을 만든 후 숙성된 다진 고기에 넣고 골고루 비벼 섞는다.

④ 뱅어포는 반으로 자르고, 뱅어포 한쪽에 밀가루를 바르고, 양념된 다진 고기를 넣고 0.3cm 두께로 넣고 그 위에 다시 잘라 놓은 뱅어포를 덮어 준비한다.

⑤ 프라이팬에 기름을 넉넉히 두르고, 샌드위치로 만든 뱅어포를 넣어 앞뒤로 굽는다.

⑥ 뱅어포가 구워지면, 다시 꺼내 그 팬에 간장과 올리고당 물을 넣고 바글바글 끓이다가 소스가 졸여지면 구워 놓은 뱅어포를 넣고, 앞뒤로 윤기나게 졸여 먹기 좋게 썰어 완성한다.

아동요리지도사
#14 뱅어포 소고기 샌드위치

뱅어포를 먹어야 하는 이유는 무엇일까?

제철에 잠깐 잡히는 뱅어는 산지에서 바로 잡아 말리는 아주 귀한 생선이에요.
새우나 잔멸치보다도 칼슘 함량이 월등히 높지요.
뱅어는 실치라고도 하는데, 성장기 어린이가 꼭 먹어야 할 만큼 좋은 식품입니다.

뱅어포에는 이런 성분이 들어 있어요

비타민 D와 단백질도 풍부하며, 우유보다 칼슘 함량이 9배나 되고,
멸치보다도 칼슘이 더 많아요.
핵산 성분 또한 많아 제7의 영양소라고도 하지요.

뱅어포의 영양성분은 다음과 같아요.

100g 기준

칼슘	단백질	촐분	칼륨	인
982mg	60.40mg	3.00 mg	1164.00mg	890.00mg

빵 대신 뱅어포와 소고기를 넣고 샌드위치를 만들었어요.
뱅어포 샌드위치는 어떻게 생겼나요? 그려 보고, 맛있게 색칠해 보아요.

#15 생딸기 젤리뽀

#15 생딸기 젤리뽀

📢 요구사항

- 딸기와 주스의 층이 분리되도록 만드시오.
- 젤리 안에 딸기가 가라앉지 않도록 만드시오.

🍎 재료 준비

- 딸기 100g
- 맑은 음료 60g
- 설탕 40g
- 한천 3g
- 애플민트 2장
- 생수 120g

① 생수 20g에 한천을 넣고 불린다.

② 냄비에 나머지 물과 맑은 주스를 넣고 끓인다.

③ 물이 끓으면 불린 한천을 넣고 한소끔 끓여 한 김 식힌다.

④ 딸기는 깨끗이 씻어 꼭지를 제거하고 한 개는 슬라이스로 썰고 나머지는 곱게 갈아 놓는다.

⑤ 투명컵을 준비하고 투명컵에 갈아 놓은 딸기를 반쯤 채운다.

⑥ 다시 한 김 식힌 주스를 살며시 붓고, 약 20분 정도 식힌 후 슬라이스로 썰어 놓은 딸기를 조심스럽게 안으로 넣어 식혀 젤리를 만들고 그 위에 애플민트로 장식을 올린다.

아동요리지도사
#15 생딸기 젤리뽀

딸기를 먹어야 하는 이유는 무엇일까?

하루에 열 알 정도만 먹어도 하루 필요한 비타민 C를 섭취했다고 할 수 있을 정도로
딸기에는 항산화 작용을 도와주는 비타민 C가 가득해요.
또한, 딸기를 먹으면 몸 안에 축적된 염분을 배출해 주는 칼륨이 들어 있어요.

딸기에는 이런 성분이 들어 있어요

식이섬유가 가득한 펙틴이 들어있으며, 안토시안이라는 붉은 색소는 항산화 작용을 해서
노화방지와 피로 회복에 도움을 주지요.
그 외에도 충치 예방에 좋은 자일리톨이라는 천연 단맛이 들어 있지요.

딸기의 영양성분은 다음과 같아요.

100g 기준

칼륨	170mg	식이섬유	1.4 g	비타민C	62mg	엽산	90㎍	철분	0.3mg

말랑말랑한 젤리는 생딸기를 넣어 떠먹을 수 있게 만들었어요.
예쁜 컵에 담은 젤리뽀를 크게 그려 보고, 색칠해 보아요.

#16 과일 핫케이크

#16
과일 핫케이크

📢 요구사항
- 핫케이크는 지름 10cm 크기로 만드시오.
- 슈가파우더는 뭉치지 않게 곱게 뿌려 완성하시오.

🍎 재료 준비
- 박력분 150g
- 달걀 2개
- 설탕 30g
- 우유 150g
- 생크림 20g
- 베이킹파우더 2g
- 버터 30g
- 슈가파우더 10g
- 메이플시럽 30g
- 키위 1/2개
- 딸기 2개
- 복숭아 1쪽
- 소금 2g
- 식용유 10g

① 달걀은 흰자와 노른자를 나눠 흰자는 거꾸로 세워도 거품이 떨어지지 않게 충분히 거품을 만들어 놓는다.

② 밀가루는 체에 한번 내리고, 우유와 소금, 생크림, 달걀노른자를 넣고 거품기로 반죽한다.

③ 반죽이 된 밀가루에 버터를 녹여 넣고, 마지막에 흰자 거품을 넣고 살살 반죽을 섞는다.

④ 키위는 껍질을 제거하고 둥근 모양으로 썰고, 딸기는 깨끗이 씻어 꼭지째 1/4 등분으로 썰고, 복숭아는 통조림에서 꺼내 1/4 쪽으로 모양을 낸다.

⑤ 식용유와 버터를 섞어 바르고, 팬이 달궈지면 한 국자 밀가루 반죽을 떠 넣고 핫케이크를 굽는다.

⑥ 핫케이크가 다 구워 지면 접시에 담고, 한 김 식으면 썰어 놓은 과일을 올려 장식하고, 그 위에 메이플시럽을 자연스럽게 올리고, 마지막에 슈가파우더를 체로 뿌려 완성한다.

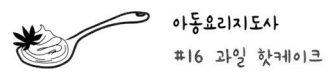

메이플시럽을 먹어야 하는 이유는 무엇일까?

천연재료로 만든 메이플시럽은 단풍나무에서 채취한 수액에서 얻은 자연재료예요.
은은한 향이 있는 메이플시럽을 먹으면, 염증을 억제하는 효능과 항암효과도 있다고 하지요.

메이플시럽에는 이런 성분이 들어 있어요

메이플시럽은 칼로리가 설탕도다 낮고 폴리페놀 성분이 다량 함유되어 있어
토마토나 블루베리보다도 항암효과가 뛰어나다고 해요.
또한, 아브시스산이라는 성분이 있어 당뇨 예방과 치료에도 도움이 되지요.

메이플시럽의 영양성분은 다음과 같아요.

100g 기준

| 칼슘 | 67.00mg | 칼륨 | 204.00mg | 당질 | 67.20g | 철분 | 1.20mg | 아연 | 4.16mg |

달걀 거품을 가득 넣어서 만든 핫케이크에는 어떤 과일들이 올라갔을까요?
과일 핫케이크를 생각하면서 그려 보고, 색칠해 보아요.

#17 크림 치즈 떡볶이

#17 크림치즈 떡볶이

요구사항
- 화이트 루를 만들 때 타지 않게 만드시오.
- 루가 뭉치지 않게 만드시오.

재료 준비
- 떡볶이 떡 100g
- 푸실리 50g
- 양파 20g
- 햄 20g
- 브로콜리 20g
- 모차렐라 치즈 20g
- 생크림 30g
- 우유 200g
- 밀가루 20g
- 버터 30g
- 생수 500g
- 파슬리 1g
- 소금 1g

① 푸실리는 끓는 물에 약 10분 정도 삶아 건져 식혀 준비한다.

② 양파는 2×2cm 크기로 사각지게 썰어 준비한다.

③ 냄비에 버터를 넣고 버터가 녹으면 밀가루를 넣고 은근히 오래 볶아 화이트 루를 만든다.

④ 화이트 루가 만들어 지면, 생수를 조금씩 넣어가며 루를 풀다가 루가 다 풀어지면 우유를 넣고 저어가면서 끓인다.

⑤ 우유를 넣은 크림이 끓어지면, 준비한 떡볶이 떡과 푸실리를 넣고 끓인다.

⑥ 떡이 익으면, 옥수수 콘과 생크림, 모차렐라 치즈, 소금을 넣고 한소끔 더 끓여 그릇에 담고 맨 위에 파슬리 가루를 올린다.

아동요리지도사
#17 크림 치즈 떡볶이

우유를 먹어야 하는 이유는 무엇일까?

흡수율이 높은 칼슘을 함유한 우유는 식품 중에서도 가장 수준이 높은 식품이라고 할 수 있지요.
심장과 근육을 튼튼하게 만들고 필수 영양소를 전달하기 때문에
성장기 어린이가 꼭 섭취해야 하는 식품이지요.

우유에는 이런 성분이 들어 있어요

우유는 칼륨과 함께 염분을 배출하기도 하지만, 단백질이 많이 함유되어있고,
뼈와 치아를 튼튼하게 만드는 칼슘과 필수아미노산이 골고루 들어 있지요.
우유에 들어 있는 유당은 단맛을 느끼게도 하지만
장 내 좋은 균을 만들어 여러 가지 기능을 할 수 있도록 도와주기도 하지요.

우유의 영양성분은 다음과 같아요.

100g 기준

칼슘	칼륨	단백질	당질	철분
105.00mg	148mg	3.20g	4.70g	0.10mg

맵지 않은 떡볶이를 푸실리를 넣어서 만들었어요.
푸실리는 어떻게 생겼을까요? 그림으로 그려 보아요.

#18 꼬꼬 닭꼬치

#18 꼬꼬 닭꼬치

📢 요구사항
- 닭가슴살 크기를 일정하게 썰어 만드시오.
- 견과 가루가 골고루 묻도록 눌러서 만드시오.

재료 준비
- 닭가슴살 100g
- 아몬드슬라이스 30g
- 참깨 10g
- 우유 30g
- 흑임자 10g
- 호두 20g
- 땅콩가루 10g
- 소금 1g
- 후춧가루 0.1g
- 올리브오일 10g
- 꼬치 3개

① 닭가슴살은 5×1cm 길이로 썰어 놓는다.

② 썰어 놓은 닭가슴살에 소금과 후춧가루로 밑간을 하고, 우유를 넣어 버무려 놓는다.

③ 흑임자와 참깨는 곱게 갈고, 아몬드는 입자 있게 다지고, 호두도 입자 있게 다져 놓는다.

④ 갈아 놓은 흑임자와 참깨를 아몬드와 호두, 땅콩가루에 골고루 섞는다.

⑤ 우유에 버무려 놓은 닭가슴살에 섞어 놓은 가루를 골고루 묻힌다.

⑥ 프라이팬에 올리브오일을 넣고 따끈해지면 가루를 묻힌 닭가슴살을 노릇노릇하게 익히고, 다 익으면 꺼내 꼬치에 꽂아 완성한다.

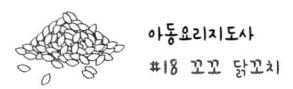
아동요리지도사
#18 꼬꼬 닭꼬치

참깨를 먹어야 하는 이유는 무엇일까?

혈관을 유지시켜 혈류 개선 효과에 좋은 참깨는
비타민 E와 리그난이 다량 함유되어 있어 강한 항산화 작용을 해요.

참깨에는 이런 성분이 들어 있어요

참깨는 대부분 지방이지만 불포화 지방산인 리놀산과 올레인산도 들어있고,
올레인산은 동맥경화를 예방하는 효과가 있지요.
그리고 세사민과 세사미놀, 리그난이 참깨 특유의 성분이라고 할 수 있어요.

참깨의 영양성분은 다음과 같아요.

100g 기준

식이섬유	지방	철분	아연	망간
12.6g	54.2g	9.9mg	5.9mg	2.52mg

꼬꼬 닭꼬치에 여러 재료를 섞어서 만들었어요.
무엇으로 닭꼬치 옷을 만들었을까요? 가만히 생각해보고 그려 보아요.

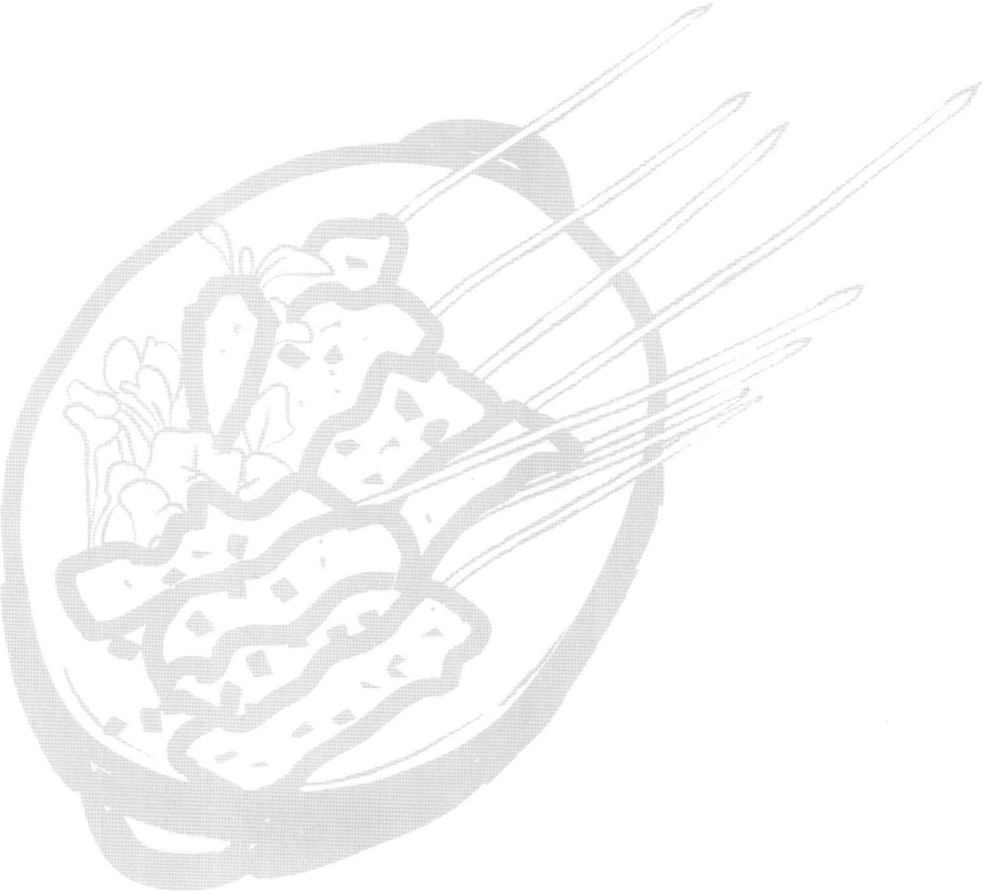

#19 파프리카 볶음밥 전

#19
파프리카 볶음밥 전

📢 요구사항
- 파프리카가 찢어지지 않게 모양을 살리시오.
- 노릇노릇한 색깔이 나오도록 밥 전을 지져 완성하시오.

🍎 재료 준비
- 파프리카 2개
- 깐 새우 30g
- 밥 120g
- 양파 20g
- 옥수수콘 20g
- 오이 20g
- 간장 20g
- 소금 0.5g
- 올리브오일 20g

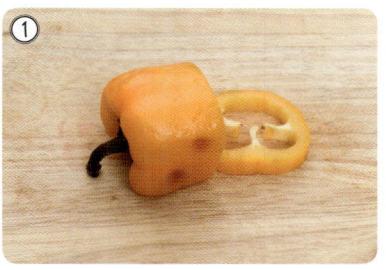

① 파프리카는 통으로 약 2cm 두께로 썰어 씨를 제거하고 속을 파낸다.

② 양파와 오이는 0.5cm 크기로 네모지게 썰고, 남은 파프리카도 같은 크기로 썰어 놓는다.

③ 옥수수콘은 물기를 빼놓는다.

④ 프라이팬에 기름을 두르고, 양파를 먼저 볶다가 오이와 파프리카를 넣어 볶고, 다시 밥을 넣고 볶다가 깐 새우와 간장, 옥수수 콘을 넣고 소금을 솔솔 뿌려 간이 맞게 볶는다.

⑤ 볶아진 볶음밥을 통으로 썰어 놓은 파프리카에 꼭꼭 눌러 담는다.

⑥ 파프리카에 담은 볶음밥은 달걀을 풀어 씌우고 프라이팬에 기름을 둘러 따끈해 지면 전을 부치듯이 볶음밥을 부쳐 완성한다.

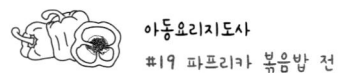

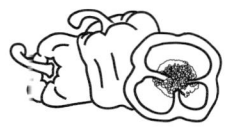

파프리카를 먹어야 하는 이유는 무엇일까?

파프리카는 피망을 달고 과육이 많도록 개량한 것으로 품종에 따라 다양한 색이 나타나지요.
단맛이 강하고, 생으로 먹어도 좋고, 면역력을 올려주는 비타민 C가 가득하지요.

파프리카에는 이런 성분이 들어 있어요

파프리카에는 베타카로틴과 식이섬유가 들어 있고 색깔별로 다른 영양소도 지니고 있어요.
빨간 파프리카에는 캅산틴이라는 성분이, 노란색에는 아스타크산틴이 들어 있지요.
두 영양소의 공통점은 강한 항산화 작용을 하며 체내의 산화를 억제시켜 주기도 하지요.
그래서 성장기 어린이가 자주 먹으면 참 좋아요.

파프리카의 영양성분은 다음과 같아요.

100g 7 준

식이섬유	1.6g	카로틴	1100µg	비타민C	170mg	비타민E	4.3mg	아스코르브산	280.1mg

파프리카에 볶음밥을 넣어서 달걀 옷을 입혀 프라이팬에 익혀 맛있는 파프리카 볶음밥 전을 만들었어요.
파프리카는 어떻게 생겼을까요?

#20 과일 백김치

#20 과일 백김치

📢 요구사항
- 채는 곱게 썰어서 만드시오.
- 국물은 한 컵 정도 만들어서 부어 완성하시오.

🧺 재료 준비
- **절인 배추** 1/4통
- **배** 100g
- **대추** 2알
- **밤** 2알
- **사과** 50g
- **무** 50g
- **새우젓** 30g
- **소금** 10g
- **설탕** 10g
- **생강** 10g
- **마늘** 20g
- **요구르트** 50g
- **까나리액젓** 10g

① 배는 껍질을 벗기고, 반은 채로 곱게 썰고, 반은 따로 준비한다.

② 대추는 씨를 제거하고 돌려 깎아 채를 썰어 놓는다.

③ 무와 밤도 껍질을 벗겨 채를 썰어 놓는다.

④ 나머지 배와 사과는 새우젓을 넣고 믹서에 곱게 갈아 즙만 따로 준비한다.

⑤ 과일즙에 썰어 놓은 대추와 밤, 미나리, 무, 요구르트, 설탕, 소금, 생강, 마늘을 넣고 골고루 버무린다.

⑥ 절인 배춧속에 버무려 놓은 속을 채우고, 국물까지 부어 완성하고, 3일 정도 숙성시킨다.

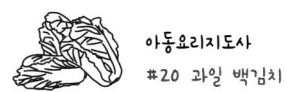

아동요리지도사
#20 과일 백김치

배추를 먹어야 하는 이유는 무엇일까?

겨울 채소의 대표인 배추는 몸 안에 염분을 바깥으로 배출해 주는 칼륨이 다량 함유되어 있어요.
식이섬유도 풍부해서 변비는 물론 감기 예방에도 효과가 있어요.

배추에는 이런 성분이 들어 있어요

비타민 C가 많고, 이소티으시아네이트라는 항산화 성분이 들어 있어
암 예방에 탁월하고, 칼슘, 마그네슘, 아연 등이 들어 있어요.
무기질 또한 풍부한 배추는 우리에게 꼭 필요한 음식 재료이지요.

배추의 영양성분은 다음과 같아요.

100g 기준

식이섬유	칼륨	비타민C	칼슘	베타카로틴
1.50g	210.00mg	28.00mg	38.00mg	37.00μg

하얀 김치를 과일을 넣어서 만들었어요. 하얀 김치 안에는 어떠한 과일들이 들어 있을까요?
하얀 김치를 만들었을 때 들어간 과일 3가지를 그려 보아요.

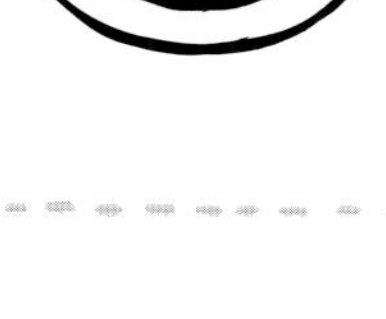

#21 참치 폭탄밥

#21 참치 폭탄밥

요구사항
- 밥 크기를 일정하게 만드시오.
- 참치 속이 빠져나오지 않도록 만드시오.

재료 준비
- 참치 캔 50g
- 밥 120g
- 참깨 20g
- 당면 20g
- 식용유 100g
- 굵은 소금 2g
- 참기름 5g
- 김가루 50g
- 마요네즈 20g

① 참깨는 믹서에 곱게 갈아 준비한다.

② 따뜻한 밥에 갈아 놓은 참깨와 소금, 참기름을 넣고 골고루 비벼 준다.

③ 참치 캔은 체에 받쳐 기름을 제거하고 마요네즈에 버무려 놓는다.

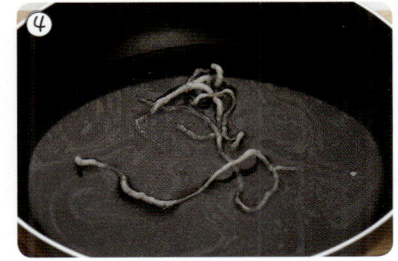

④ 당면은 약 3cm 길이로 썰어 식용유에 튀기듯이 볶아 놓는다.

⑤ 비벼 놓은 밥을 지름이 5cm가 되도록 동그랗게 만들고, 그 안에 참치를 넣고 다시 동그린다.

⑥ 김가루를 비닐 봉투에 담고 그 안에 참치밥을 넣고 굴려 동글게 만들어 담고, 그 위에 튀긴 당면을 꽂아 폭탄밥을 만든다.

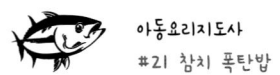

참치를 먹어야 하는 이유는 무엇일까?

DHA가 가장 많은 참치는 뇌와 신경의 발육을 촉진하게 하는 기능이 있어
성장기 어린이가 꼭 먹어야 하는 식품이에요.
참치의 속살은 고단백질이며 지방이 적게 들어 있어 몸에 에너지를 공급하기도 하지요.

참치에는 이런 성분이 들어 있어요

셀렌이라는 성분이 들어 있는데 혈관의 노화를 막아 주고,
니아신이라는 성분은 스트레스에 많은 도움이 되어 주어요.
철분도 많이 들어 있어, 빈혈이 있는 사람들에게 좋은 식품이지요.

참치의 영양성분은 다음과 같아요.

100g 기준

철분	2.0mg	단백질	24.3g	니아신	17.5mg	지방	0.4g	비타민D	6.0μg

빵~ 하고 터질지도 모르는 폭탄밥을 만들었어요. 폭탄밥은 어떻게 생겼었나요?
그림으로 그려 보고, 맛있게 색칠해 보아요.

#22 이름 설기떡

#22 이름 설기떡

📢 요구사항
- 설기떡 색깔이 층이 골고루 나올 수 있게 만드시오.
- 멥쌀가루 반죽이 질지 않게 섞어 사용하시오.

🍎 재료 준비
- 멥쌀가루 300g
- 딸기가루 5g
- 단호박가루 5g
- 설탕 20g
- 코코아가루 10g
- 마분지 1장

① 멥쌀가루는 체에 내려 3등분으로 나눠 준다.

② 3등분으로 내려진 쌀가루에 딸기가루와 단호박가루를 넣고 물을 한 큰술씩 넣어 비벼 섞는다.

③ 색을 넣어 섞여지면 각각 따로따로 체에 한 번 더 내려 준비한다.

④ 체에 내린 쌀가루에 설탕을 넣어 섞어준다.

⑤ 시루에 시트를 깔고, 맨 아래 단호박 가루 그 위에 딸기 가루 맨 위에 흰 가루를 넣고 찜통에 김이 오르면 시루를 넣고 15~20분간 쪄낸다.

⑥ 다 쪄진 설기떡에 마분지로 이름을 쓰고, 가위로 이름을 오려 떡 위에 올리고, 코코아 가루를 솔솔 뿌리고, 마분지를 떼어 낸다.

단호박가루를 먹어야 하는 이유는 무엇일까?

옐로우 푸드의 대표적인 단호박가루는 면역력 강화에 좋은
베타카로틴이 풍부하기 때문에 감기 예방에 좋으며,
성장발육이 필요한 어린이에게 아주 좋은 식품이에요.

단호박가루에는 이런 성분이 들어 있어요

비타민 C와 카로틴이 들어 있으며, 식물성 섬유소인 펙틴이 다량 들어 있어요.
풍부하게 들어 있는 베타카로틴은 몸속에서 비타민 A로 바뀌어 눈의 피로 및 백내장에 효과를 톡톡히 주지요.
또한, 장 기능을 원활하게 해주기 때문에 변비에 아주 효과적이에요.

단호박가루의 영양성분은 다음과 같아요.

100g 기준

베타카로틴	572.50μg	식이섬유	0.90g	칼륨	140.50mg	철분	0.20mg	비타민A	95.50μgRE

예쁜 떡 위에 내 이름이 들어 있어요.
내 이름을 써 보아요.

#23 단호박 요거트 과일 케이크

#23 단호박 요거트 과일 케이크

📢 요구사항
- 달걀 흰자로 머랭을 단단하게 만들어 사용하시오.
- 단호박 퓨레가 흘러내리지 않도록 농도에 주의하시오.

🧑‍🍳 재료 준비
- 단호박 퓨레 100g
- 박력분 200g
- 달걀 4개
- 버터 60g
- 꿀 15g
- 설탕 120g
- 베이킹파우더 2g
- 소금 1g
- 바닐라향 1g
- 요거트 50g
- 딸기 2개
- 키위 1/2개
- 포도 3알
- 생크림 20g

① 달걀은 흰자와 노른자를 분리하고 흰자는 거품기로 충분히 머랭을 만들어 설탕을 조금씩 넣어 단단한 머랭을 만들어 놓는다.

② 달걀 노른자는 설탕과 소금 바닐라 향을 넣고 골고루 섞는다.

③ 풀어 놓은 달걀 노른자에 베이킹파우더와 박력분을 체에 내려 섞는다.

④ 케이크 반죽에 버터를 녹여 섞고, 만들어 놓은 머랭을 넣어 살살 반죽을 섞는다.

⑤ 케이크 틀에 유산지를 깔고, 그 위에 반죽을 채워 170℃ 예열된 오븐에서 30분 정도 구워 시트를 만든다.

⑥ 단호박 퓨레에 요거트와 생크림을 섞고, 구워진 케이크 시트가 뜨거운 김이 빠지면 그 위에 퓨레를 덮고, 그 위에 준비한 과일들을 올리고, 꿀을 발라 완성한다.

아동요리지도사
#23 단호박 요거트 과일 케이크

요거트를 먹어야 하는 이유는 무엇일까?

유당을 분해하는 작용을 하는 요거트는 소화작용을 촉진시켜 주고,
우유를 먹지 못하는 사람들에게 좋은 음식이지요.
또한, 유해균을 청소해 주는 역할을 하기 때문에 장에 좋으며 변비를 예방해 주기도 하지요.

요거트에는 이런 성분이 들어 있어요

요오드 성분이 들어 있는 요거트는 프르바이오틱스를 섭취할 수 있을 정도의 발효식품이며,
유산균, 단백질 그리고 비타민 B2가 들어 있어요.
그 외 요거트 안에는 뼈를 튼튼하게 만드는 칼슘과 락토바실러스도 함유되어 있지요.

요거트의 영양성분은 다음과 같아요.

100g 기준

칼슘	비타민A	단백질	비타민B2	단백질
120mg	33µg	3.6mg	0.14mg	4g

단호박으로 맛있는 케이크를 만들었어요.
오늘 만든 단호박은 어떻게 생겼나요?

#24 생레몬 넣은 마들렌

#24 생레몬 넣은 마들렌

📢 요구사항
- 마들렌은 6개 이상 만들어 제시하시오.
- 완성된 마들렌에 슈가글레이즈를 골고루 발라 완성하시오.

🍎 재료 준비
- 레몬 1개
- 박력분 100g
- 설탕 60g
- 꿀 30g
- 소금 1g
- 달걀 2개
- 슈가파우더 50g
- 베이킹파우더 2g
- 버터 20g

① 생레몬은 베이킹파우더로 문질러 따뜻한 물에 깨끗이 씻어 껍질을 벗겨 곱게 다지고, 과즙은 즙을 짜 놓는다.

② 달걀을 풀어 설탕을 넣고 골고루 섞어 설탕을 완전히 녹여 준다.

③ 박력분과 베이킹파우더는 섞어 체에 내려 달걀 풀어 놓은 물에 섞고 버터는 중탕으로 녹여 꿀과 함께 넣고 섞어 준다.

④ 섞어놓은 반죽에 과즙을 짜 놓은 레몬즙을 한 작은술과 다져 놓은 레몬 껍질을 넣고 골고루 섞어 짜 주머니에 담는다.

⑤ 마들렌 틀에는 버터를 바르고 짜 주머니 반죽을 틀에 넣고 180℃의 예열된 오븐에서 약 12분 정도 구워 식힌다.

⑥ 슈가파우더에 레몬즙 한 큰술과 생수를 넣고 골고루 섞은 후 식혀 놓은 마들렌 위에 윤기나게 골고루 붓으로 발라 완성한다.

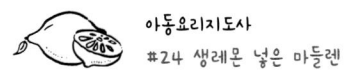

레몬을 먹어야 하는 이유는 무엇일까?

체내에 콜라겐을 생성하는 비타민 C를 풍부하게 함유한 레몬은
콜라겐을 생성하여 피부 건강에 도움이 되며,
탄 고기에서 나오는 발암물질의 작용을 레몬을 넣으므로 억제할 수 있어요.

레몬에는 이런 성분이 들어 있어요

피로 회복에 좋은 구연산이 가득한 레몬은 칼슘과 철분 그리고 미네랄에 대한 흡수율이 높으며,
카로티노이드의 크립토잔틴이 항산화 작용으로 암에 대한 예방의 효과도 있답니다.
그 외 레몬껍질에 함유된 리모넨은 긴장을 풀어주기도 하지요.

레몬의 영양성분은 다음과 같아요.

100g 기준

칼륨	120.0mg	식이섬유	2.03g	칼슘	55.00mg	철분	0.40mg	비타민C	70.00mg

상큼한 레몬을 넣어서 부드러운 마들렌을 만들었어요. 레몬은 어떻게 생겼나요?
우리가 만든 마들렌은 어떤 모양일까요?

#25 생강 쿠키맨

#25
생강 쿠키맨

📢 요구사항
- 쿠키맨의 반죽이 질지 않도록 만드시오.
- 초코펜 사용으로 모양을 만들어 제공하시오.

재료 준비
- 박력분 150g
- 다진 생강 5g
- 베이킹파우더 2g
- 달걀 1개
- 설탕 80g
- 버터 70g
- 시나몬가루 3g
- 소금 0.5g
- 초코펜 20g
- 화이트펜 20g
- 초록색 초콜릿 20g
- 핑크 초코펜 20g
- 덧 밀가루 20g

① 버터와 달걀은 따뜻하게 준비하고, 먼저 버터를 거품기로 충분히 풀어 준다.

② 풀어 놓은 버터에 설탕을 넣고, 골고루 섞다가 달걀을 넣고 다시 섞어 준다.

③ 박력분에 베이킹파우더, 소금을 넣고 체에 내려 ②의 반죽에 넣고 골고루 섞어 준다.

④ 섞여진 반죽에 다진 생강과 시나몬을 넣고 골고루 한 번 더 섞어 반죽한다.

⑤ 덧 밀가루를 도마에 깔고, 반죽을 올려 일정하게 밀어 쿠키맨 커터를 이용하여 찍어낸다.

⑥ 180℃ 예열된 오븐에서 10~12분 정도 쿠키를 구워 꺼내 식힌 후 다양한 초코펜을 이용하여 모양을 만들어 완성한다.

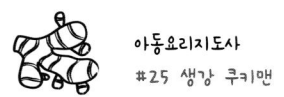

생강을 먹어야 하는 이유는 무엇일까?

살균, 해독 그리고 감기 예방에 좋은 생강은 따뜻한 성질을 지니고 있으며,
단백질을 분해하는 효소도 포함되어 있어요.

생강에는 이런 성분이 들어 있어요

진저롤이라는 성분이 가득한 생강은 항암치료에 필요한 성분이며,
암의 세포를 저하시키는 역할을 하기도 하지요.
또한, 쇼가올, 칼슘, 마그네슘, 미네랄, 카로틴도 풍부하게 들어 있지요.

생강의 영양성분은 다음과 같아요.

100g 기준

식이섬유	2.90g	칼륨	344.00mg	철분	0.80mg	칼슘	13.00mg	인	28.00mg

**슈렉에서 나온 진저맨을 만들고, 초코펜으로 예쁘게 옷도 그렸어요.
진저맨을 어떻게 생겼나요? 진저맨을 그려 보고, 예쁘게 옷도 그려 주세요.**

#26 소고기 비빔국수

#26 소고기 비빔국수

📢 요구사항
- 소고기는 물기 없이 고슬고슬하게 볶아 만드시오.
- 국수는 붇지 않게 삶아 만드시오.

🍎 재료 준비
- 소면 70g
- 다진 소고기 30g
- 오이 20g
- 당근 20g
- 표고버섯 10g
- 달걀 1개
- 꽃상추 3장
- 간장 20g
- 설탕 10g
- 참깨 2g
- 참기름 5g
- 식용유 10g
- 대파 10g
- 다진 마늘 10g
- 소금 5g

① 오이는 5cm 길이로 썰어 돌려 깎아 채를 썰어 소금에 살짝 절이고, 당근도 5cm 길이로 채를 썰어 소금에 살짝 절이고, 표고버섯도 채를 썰어 준비한다.

② 다진 소고기는 간장, 설탕, 다진 파, 다진 마늘, 후춧가루, 참기름에 넣어 무쳐 고슬고슬하게 볶아 놓는다.

③ 달걀은 소금을 한꼬집 넣어 익힌 뒤 지단을 부쳐 꽃 모양의 틀로 찍어 준비한다.

④ 프라이팬에 오이를 먼저 볶아내고 당근과 표고버섯을 볶아 한 김 식혀 놓는다.

⑤ 끓는 물에 국수를 넣고 물이 끓어 오르면 찬물을 조금씩 부어가면서 국수를 삶아 찬물에 여러 번 헹구어 물기를 빼놓는다.

⑥ 삶아 놓은 국수에 볶아 놓은 채소와 소고기를 넣고, 간장과 설탕, 참기름을 넣고 골고루 비벼 깨끗이 씻은 꽃상추를 깔고 그 위에 국수를 담고 맨 위에 달걀꽃지단을 올려 완성한다.

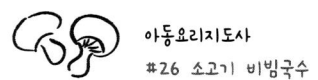

아동요리지도사
#26 소고기 비빔국수

표고버섯을 먹어야 하는 이유는 무엇일까?

에르고스테롤이라는 식물성 비타민 D는 표고버섯에 들어 있어
성장기 어린이와 노약자들의 뼈의 강화에 도움이 되며,
식이섬유소도 풍부해서 콜레스테롤 배출을 돕고, 혈당 상승을 억제하는 역할을 하지요.

표고버섯에는 이런 성분이 들어 있어요

말린 표고버섯에서는 에리타데닌 성분이 들어 있는데
이 성분은 혈액의 콜레스테롤을 줄여주는 작용을 하며, 동맥경화 예방에 도움을 주기도 하지요.
또한, 렌틴난이 풍부하게 들어 있어 면역력에 좋기 때문에 어린이가 자주 먹으면 면역성이 강화되지요.

표고버섯의 영양성분은 다음과 같아요.

100g 기준

니아신	3.80mg	식이섬유	6.05g	비타민C	5.00mg	엽산	47.00µg	칼륨	256.00mg

소고기를 넣어 만든 국수를 만들어 꽃상추 그릇에 담아 보았어요.
꽃상추는 어떻게 생겼나요? 꽃상추를 그려 보아요.

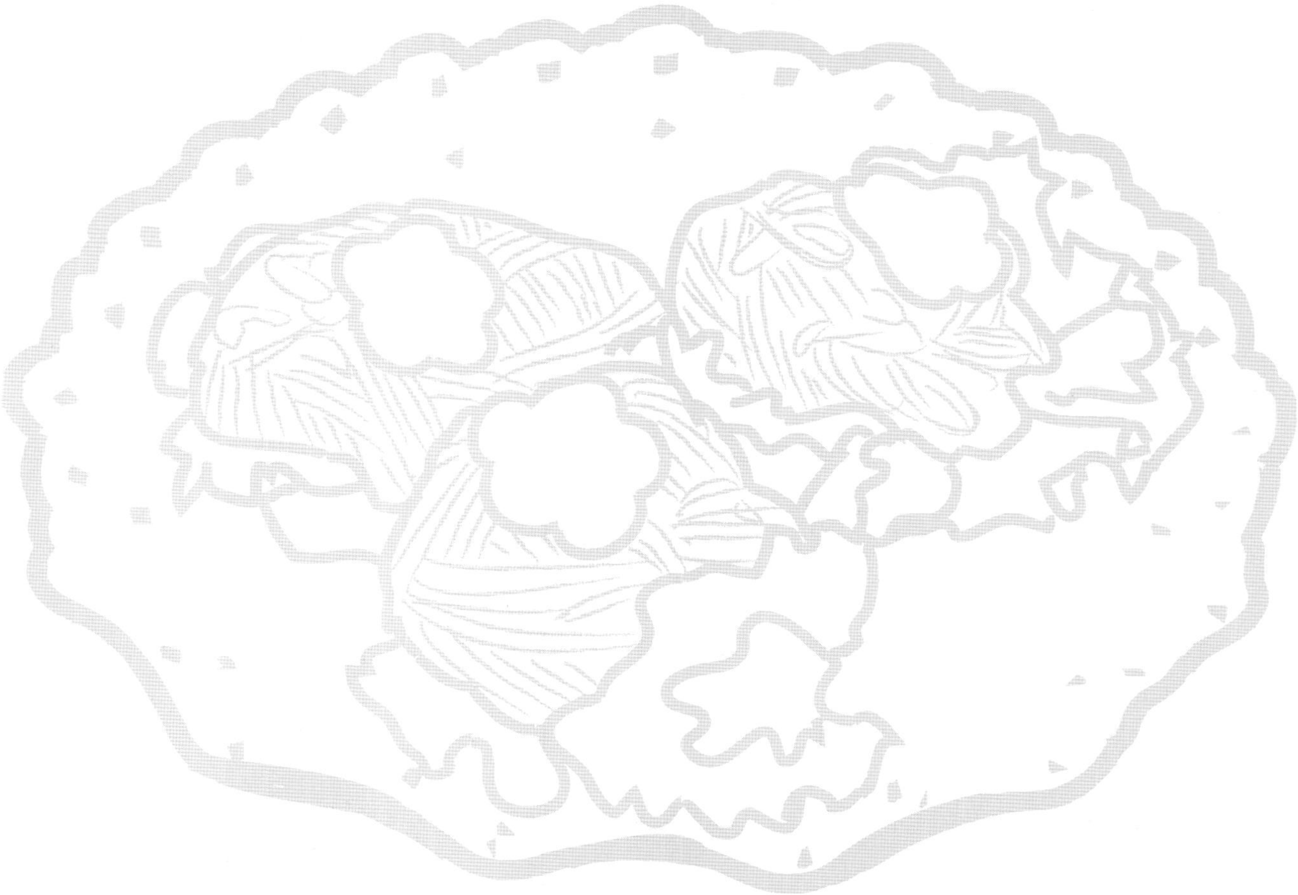

#27 강황쌀 크랜베리 쌀강정

#27 강황쌀 크랜베리 쌀강정

📢 요구사항
- 시럽이 타지 않게 만드시오.
- 크랜베리가 골고루 섞이도록 만드시오.

🍎 재료 준비
- 말린 강황쌀 30g
- 크랜베리 20g
- 설탕 120g
- 물 120g
- 물엿 300g
- 꿀 20g
- 튀김기름 300g

① 말려 놓은 강황쌀을 180℃ 온도의 튀김 기름에 튀겨 기름을 최대한 빼놓는다.

② 크랜베리는 잘게 다져 준비한다.

③ 냄비에 설탕과 물을 넣고 젓지 않고 끓인다.

④ 끓고 있는 냄비에 설탕이 녹으면, 물엿과 꿀을 넣어 졸인다.

⑤ 강정 시럽이 졸여지면, 튀겨 놓은 쌀 튀밥을 넣고 재빠르게 골고루 섞다가 크랜베리를 넣고 다시 골고루 섞어 준다.

⑥ 골고루 섞여진 강정을 사각 틀에 담고, 넓게 펴서 한 김 빠지면 3×3cm로 네모지게 썰어 완성한다.

아동요리지도사
#27 강황쌀 크랜베리 쌀강정

강황을 먹어야 하는 이유는 무엇일까?

주성분인 커큐민이 들어 있는 강황은 강력한 항산화 물질로서 세포의 노화를 방지하며, 염증을 감소시키며, 치매와 위산분비를 억제해 주기도 하지요.

강황에는 이런 성분이 들어 있어요

철분과 식이섬유 및 단백질이 들어 있지만, 강황에는 커큐민이 가장 많이 함유되어 있어요.
커큐민은 다양한 활동을 하는 성분인데 우리 몸에 소염제 역할도 하며,
우울증을 완화 시키는 역할도 하는 만큼 아주 다재다능한 성분이에요.

강황의 영양성분은 다음과 같아요.

100g 기준

| 티아민 | 0.9mg | 아르코르브산 | 50mg | 나이아신 | 4.8mg | 식이섬유 | 21g | 칼륨 | 2,500mg |

노란 강황쌀을 튀겨서 강정을 만들었어요. 노란 강정은 어떤 맛일까요?
만들었던 강정의 맛을 그려 보세요.

#28 못난이 미니 핫도그

#28
못난이 미니 핫도그

📣 요구사항
- 크기를 일정하도록 만드시오.
- 2개 이상 만들어 제공하시오.

재료 준비
- 밀가루 50g
- 달걀 1개
- 버터 20g
- 베이킹파우더 1g
- 설탕 5g
- 우유 30g
- 소금 0.5g
- 물 30g
- 미니 소시지 3개
- 고구마 1/2개
- 튀김기름 300g
- 케첩 20g
- 꼬치 3개

① 소시지는 꼬치를 꽂아 준비한다.

② 고구마는 껍질을 벗겨 0.5cm 크기로 썰어 준비한다.

③ 버터를 중탕으로 녹이고 밀가루와 베이킹파우더를 체로 내려 녹인 버터를 넣고 우유와 설탕, 소금, 달걀을 넣고 골고루 섞어 반죽을 만든다.

④ 꼬치 꽂은 소시지는 반죽에 넣어 얇은 옷을 입힌다.

⑤ 튀김 기름에 반죽 옷을 입은 소시지를 170℃ 온도에서 1차 튀겨 낸다.

⑥ 튀김 반죽에 썰어 놓은 고구마를 넣어 섞고 1차 튀겨낸 핫도그에 다시 반죽을 입혀 170℃의 기름 온도에 튀겨 기름을 빼놓고 완성한다.

아동요리지도사
#28 못난이 미니 핫도그

밀가루를 먹어야 하는 이유는 무엇일까?

밀에 포함된 섬유소는 변비를 예방해 주고,
대장암의 예방을 도와주기도 하며,
단백질도 포함되어 있지요.

밀가루에는 이런 성분이 들어 있어요

밀가루에는 쌀보다 2배나 많은 단백질이 들어 있으며,
칼슘, 인, 철분도 쌀보다 많이 들어 있으며, 빈혈 예방 및 신진대사 활성화에 도움을 주기도 하지요.
밀은 까칠까칠한 통밀에 더 많은 영양 성분이 들어 있다고 해요.

밀가루의 영양성분은 다음과 같아요.

100g 기준

단백질		철분		니아신		식이섬유		칼륨	
	10.00mg		0.80mg		1.10mg		2.80g		112.00mg

고구마를 넣어서 울퉁불퉁하게 만든 못난이 핫도그는 어떻게 생겼을까요?
못난이 핫도그를 그려 볼까요?

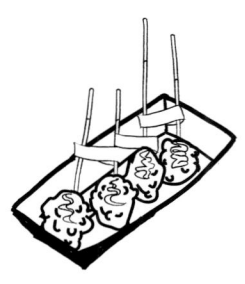

#27 과일 소스 미니 함박볼

#29
과일 소스 미니 함박볼

📢 요구사항
- 함박볼 크기를 일정하게 빚어 만드시오.
- 함박볼 3개 이상 만드시오.

🍎 재료 준비
- 사과 30g
- 당근 20
- 양파 30g
- 파인애플 30g
- 키위 30g
- 다진 소고기 100g
- 다진 돼지고기 50g
- 소금 1g
- 후춧가루 0.1g
- A1 소스 50g
- 토마토케첩 50g
- 메추리알 5알
- 올리브오일 20g
- 빵가루 10g
- 스위티 칠리소스 20g
- 생크림 10g
- 월계수잎 1장

다진 소고기와 돼지고기에 소금과 후춧가루를 넣고 골고루 섞어 준비한다.

양파와 당근은 곱게 다져 프라이팬에 살짝 볶아 식혀 놓는다.

양념된 고기에 양파와 생크림, 빵가루, 메추리알 2개를 넣고 골고루 섞어 함박 반죽을 해 놓는다.

파인애플과 사과, 키위는 물을 넣고 믹서에 곱게 갈아 A1 소스와 토마토케첩, 스위티 칠리소스, 월계수 잎을 넣고 한 소큼 끓여 낸다.

양념 된 함박 고기는 지금 3cm 크기로 동글동글하게 빚어 프라이팬에 올리브오일을 넣고 굴려가면서 익힌다.

끓여 놓은 소스에 익혀 놓은 함박 볼을 넣고 다시 졸이듯 익혀내고, 팬에 메추리알로 지단을 부쳐 함박 볼 위에 올리고, 소스와 볶아 준비한 당근을 옆에 놓아 완성한다.

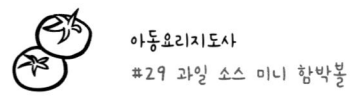

아동요리지도사
#29 과일 소스 미니 함박볼

토마토를 먹어야 하는 이유는 무엇일까?

감기와 빈혈 예방에 좋은 토마토는 엽산이 풍부하고
칼륨이 많아 몸 안에 나트륨 배출에 탁월한 효능이 있으며,
어릴 적부터 토마토를 즐겨 먹으면 면역력 강화에 도움이 되지요.

토마토에는 이런 성분이 들어 있어요.

리코핀이라는 성분은 토가토의 붉은 색소에 있는 영양성분이며,
강력한 항산화 작용으로 암 예방과 노화 방지를 하고,
토마토 안의 구연산은 식욕 증진에 효과를 주기 때문에
식욕이 떨어지거나 피곤할 대 먹으면 좋은 영양을 공급해 주기도 해요.

토마토의 영양성분은 다음과 같아요.

100g 기준

비타민C	15mg	카로틴	540μg	엽산	22μg	비타민E	0.9mg	칼륨	210mg

한입에 쏙 들어가는 미니 함박볼을 맛있게 만들었어요.
노란 메추리알 익혀서 덮어 주었지요? 메추리알은 어떻게 생겼을까요?

#30 이불 덮은 당근밥

#30 이불 덮은 당근밥

📢 요구사항
- 당근 형태가 나올 수 있게 만드시오.
- 당근 소보로가 타지 않게 은근히 볶아서 만드시오.

🍅 재료 준비
- 당근 200g
- 잔멸치 50g
- 분태땅콩 20g
- 밥 120g
- 브로콜리 20g
- 간장 10g
- 참기름 5g
- 식용유 10g
- 한천 2g
- 소시지 1개
- 소금 0.5g
- 설탕 10g
- 올리고당 10
- 참깨 10
- 건포도 2알

① 당근을 강판에 갈아 당근즙과 간 당근을 따로 분리하고, 브로콜리는 데쳐 찬물에 헹구어 놓는다.

② 한천은 물 한 숟가락을 넣고 불려 놓고, 준비한 당근즙에 물을 2배 정도 넣고 끓이다가 불린 한천을 넣고, 네모난 틀에 부어 식힌다.

③ 프라이팬에 먼저 소시지를 삼각형으로 썰어 튀기듯 익혀내고 멸치와 땅콩을 넣고 볶다가 간장과 올리고당을 넣고 다시 졸여 준다.

④ 프라이팬에 기름 없이 간 당근을 넣고 보슬보슬하게 볶다가 설탕과 참깨를 넣고 다시 보슬보슬하게 볶아 놓는다.

⑤ 밥에 참기름과 소금을 넣어 비벼주고, 밥을 당근 형태로 만들어서 그 안에 볶은 멸치를 넣어준다.

⑥ 당근 모양의 밥 형태를 당근 소보로에 굴려주고 건포도와 튀긴 소시지로 눈과 코를 만들어 주고, 한천을 넣어 만든 이불을 덮어준다. 당근 머리 위는 데친 브로콜리로 장식해서 완성한다.

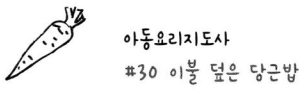

아동요리지도사
#30 이불 덮은 당근밥

당근을 먹어야 하는 이유는 무엇일까?

체내에 나쁜 콜레스테롤을 억제해 주는 당근은 시력 개선에 많은 도움을 주고,
피부나 점막을 보호해 주기도 해요.
또한, 칼륨도 다량 들어 있어 몸속에 나트륨의 배출을 도와주기도 하지요.

당근에는 이런 성분이 들어 있어요

채소 중에 가장 많은 카로틴이 들어 있는 당근은 칼슘과 비타민 C가 풍부하며,
엽산과 뼈를 튼튼하게 만들어 주는
비타민 K와 시력 개선 효과에 좋은 비타민 A도 많이 들어 있지요.

당근의 영양성분은 다음과 같아요.

100g 기준

| 비타민A | 1.257µg RE | 베타카로틴 | 7,540.00µg | 비타민C | 6.00mg | 엽산 | 8.00µg | 칼륨 | 362.00mg |

당근 친구가 이불을 덮고 자고 있어요. 이불을 덮고 자는 당근 친구는 어떻게 생겼나요?
오늘 만든 당근 친구를 그려 볼까요?

#31 눈 오는 마을

#31 눈 오는 마을

📣 요구사항
- 초콜릿으로 지붕을 완전히 덮어서 만드시오.
- 2개 이상 만드시오.

재료 준비
- 박력분 200g
- 버터 150g
- 달걀 3개
- 설탕 80g
- 소금 2g
- 베이킹파우더 3g
- 호두분태 20g
- 초콜릿 50g
- 화이트 초콜릿 20g
- 분홍 초콜릿 20g

① 버터는 달걀과 함께 상온에 놓는다.

② 박력분과 베이킹파우더를 체에 내려 준비한다.

③ 상온에 놓은 버터를 거품기로 휘핑하고, 설탕을 넣어 골고루 녹인 후 달걀을 깨뜨려 넣고 골고루 저어준다.

④ 달걀 반죽에 준비한 ②를 넣고 골고루 섞어 준다.

⑤ 작은 머핀 컵에 반죽을 2/3 정도 채워 넣고 그 안에 호두분태를 넣어 180℃ 예열된 오븐에 20분 정도 구워 식힌다.

⑥ 초콜릿은 중탕으로 녹여 짜 주머니에 넣고, 식힌 머핀 컵 위에 전체 감싸 주고, 화이트 초콜릿과 분홍색 초콜릿으로 눈이 오듯 지붕을 만들어 완성한다.

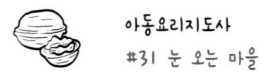
아동요리지도사
#31 눈 오는 마을

호두를 먹어야 하는 이유는 무엇일까?

영양 밸런스에 좋은 호두는 생김새가 뇌를 닮았다고 해서
뇌 건강에 좋다는 말이 있을 정도인데,
멜라토닌이라는 성분이 들어 있어 불면증에 도움이 되기도 해요.

호두에는 이런 성분이 들어 있어요

미네랄이 풍부하며, 칼슘과 망간은 뼈를 튼튼하게 하며,
알파리놀산이 다량 함유되어 혈전 또는 동맥경화를 막는 역할을 하며,
호르몬 분비 조절도 도와준답니다.

호두의 영양성분은 다음과 같아요.

100g 기준

비타민A	베타카로틴	단백질	엽산	칼륨
4.00㎍ RE	22.00㎍	15.4g	0.80㎍	368.00mg

초콜릿 마을에 하얀 눈이 왔나 봐요. 지붕이 하얀 눈이 내려앉았네요.
눈이 내린 초콜릿 마을은 어떤 모습이었나요? 생각나는 대로 그려보세요.

#32 조물조물 단호박 아란치니

#32
조물조물 단호박 아란치니

📢 요구사항
- 아란치니 지름이 일정하게 만드시오.
- 튀김이 타지 않게 일정한 온도를 조절하여 튀김을 하시오.

🧒 재료 준비
- **단호박** 100g
- **양파** 20g
- **햄** 20g
- **당근** 20g
- **오이** 20g
- **달걀** 1개
- **모차렐라 치즈** 20g
- **빵가루** 100g
- **식용유** 500g
- **소금** 2g
- **밀가루** 50g

① 단호박은 껍질을 벗겨 찜통에 쪄서 곱게 체에 내려 준비한다.

② 오이는 반달로 썰어 소금에 살짝 절여 물기를 꼭 짜 놓는다.

③ 양파와 당근은 입자 있게 썰어 소금에 살짝 절여 물기를 꼭 짜 놓는다.

④ 햄은 1×1cm 크기로 썰어 살짝 볶아 한 김 식힌다.

⑤ 체에 내린 단호박에 오이와 양파, 햄, 당근을 넣고 지름 3cm 크기로 동글동글하게 만들어 놓는다.

⑥ 빵가루는 체에 한번 곱게 내려놓고, 동글동글하게 만든 아란치니는 밀가루, 달걀물, 빵가루 순서로 굴려 170℃ 온도의 튀김기름에 튀겨 기름을 빼놓고 완성한다.

양파를 먹어야 하는 이유는 무엇일까?

당질이 에너지로 바뀌어 체력 향상에 도움이 되는 양파는
살균작용에도 뛰어난 역할을 하며, 소화작용 촉진에도 도움을 주지요.

양파에는 이런 성분이 들어 있어요

켈세틴이라는 성분은 폴리페놀의 일종이며, 항산화 작용을 하고,
노화를 방지하며, 비타민 B는 체내 흡수를 도와주지요.
그 외 유화아릴은 혈전이 생기지 않도록 하며, 혈액순환에 도움이 되어 동맥경화 예방에 좋지요.

양파의 영양성분은 다음과 같아요.

100g 당 준

	15.10μg	15.00mg	비타민 C	8.00mg	단백질	0.90g	엽산	15.10μg	칼륨	141.00mg

조물조물 단호박에 치즈를 넣어서 동글동글하게 아란치니를 만들었어요.
아란치니는 어떻게 생겼나요?

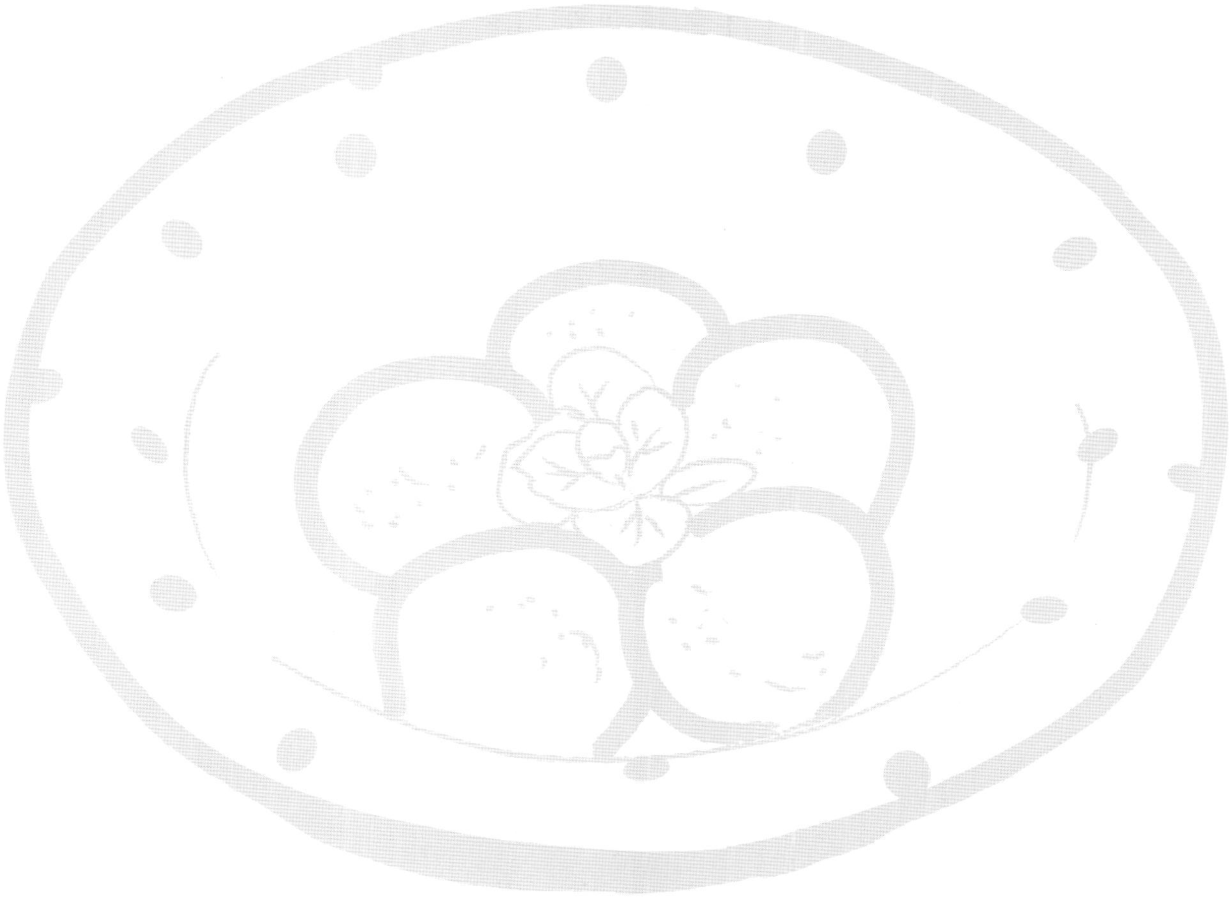

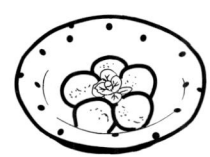

#33 비행접시 도너츠

#33 비행접시 도너츠

📢 요구사항
- 도넛 튀김 온도를 높지 않게 튀겨 내시오.
- 비행접시 모양이 잘 나오도록 끝쪽을 잘 눌러 만드시오.

재료 준비
- 밀가루 200g
- 설탕 80g
- 달걀 1개
- 버터 30g
- 바닐라향 1g
- 우유 70g
- 베이킹파우더 2g
- 시나몬 5g
- 설탕 30g
- 소금 1g
- 튀김기름 500g

① 버터는 중탕으로 녹여 준비한다.

② 달걀에 설탕과 우유를 넣고 설탕이 녹여 준비한다.

③ 밀가루와 베이킹파우더 소금을 체에 내려놓는다.

④ 달걀물에 밀가루와 버터를 넣고, 조심스럽게 반죽을 한다.

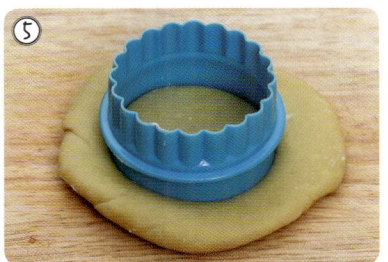

⑤ 도넛 반죽은 덧 밀가루를 뿌려 동그란 큰 모양의 커터로 먼저 찍는다.

⑥ 커터로 찍은 도넛을 다시 작은 커터로 살짝 찍어 끝쪽을 손으로 잡아 늘여 주고, 150℃의 튀김기름에서 서서히 도넛을 튀겨 비행접시 모양이 나오고 떠오르면 건져 기름을 빼놓고 설탕과 시나몬을 섞어 골고루 도넛을 묻혀 완성한다.

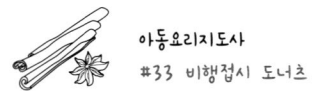

시나몬을 먹어야 하는 이유는 무엇일까?

혈액순환을 돕고 몸을 따뜻하게 만들어 주는 시나몬은
설사를 하거나 배에 가스가 찰 때 효과적으로 도움을 주지요.
또한, 위장 점막을 자극해 위를 튼튼하게 보호하는 역할도 톡톡히 하지요.

시나몬에는 이런 성분이 들어 있어요

항박테리아 성분이 들어 있어 기관지와 구강의 감염을 막아주고,
깨끗하게 만들어주며, 신남알데하이드는 신진대사를 자극하며
지방을 태우는 역할을 하기도 하지요.

시나몬의 영양성분은 다음과 같아요.

100g 기준

칼슘	1200.00mg	베타카로틴	6.00µg	단백질	3.60g	엽산	135.30µg	칼륨	550.00mg

하늘을 날아다닐 것 같은 비행접시를 닮은 도넛을 만들었어요.
비행접시는 어떻게 생겼을까요? 그림으로 그려 보고, 색칠해 보아요.

#34 꽃 약과

#34 꽃 약과

📢 요구사항
- 약과가 깨지지 않게 튀김 온도에 주의하시오.
- 5개 이상 만들어 제시하시오.

🍎 재료 준비
- **밀가루** 200g
- **참기름** 20g
- **정종** 20g
- **생강즙** 10g
- **계핏가루** 5g
- **꿀** 20g
- **시럽** 100g
- **소금** 1g
- **크랜베리** 20g

① 밀가루에 참기름과 생강즙을 넣고 골고루 섞어 체에 내려 준비한다.

② 냄비에 정종과 꿀과 소금과 물을 넣고 한소끔 끓여 식힌다.

③ 체에 내린 밀가루에 식혀 놓은 약과 반죽 물을 조금씩 넣어가면서 반죽을 하고 반죽이 다 되면 비닐봉지에 잠시 넣어 놓는다.

④ 숙성시킨 반죽을 넓게 밀고, 꽃모양커터로 찍어 다시 꼬치로 꽃 모양을 만들어 놓는다.

⑤ 튀김기름 온도가 120℃ 정도 되면 서서히 꽃 약과를 넣고 은근히 튀겨 떠오르면 건져 기름을 빼놓는다.

⑥ 시럽에 계피를 넣고 바글바글 끓이다가 튀겨 놓은 꽃 약과를 넣고 살짝 담가 건져 내고, 중앙에 크랜베리를 작게 잘라 올려 완성한다.

아동요리지도사
#34 꽃 약과

꿀을 먹어야 하는 이유는 무엇일까?

미네랄과 무기질이 가득 들어 있는 꿀은 천연의 단맛을 내며, 빈혈에 매우 좋은 역할을 하지요.
꿀은 장 운동을 활발하게 하기 때문에 변비에도 좋은 식품이지요.

꿀에는 이런 성분이 들어 있어요

철분 성분이 다량 함유되어 있으며,
비타민과 필수 아미노산이 들어 있어 면역력 향상에 효과적이고,
꿀에 들어 있는 칼륨 성분은 나트륨을 배출하기 때문에
콜레스테롤을 내려 주는 효과가 있지요.

꿀의 영양성분은 다음과 같아요.

100g 기준

칼슘	철분	단백질	엽산	칼륨
2.00mg	0.80mg	0.20g	1.90µg	13.00mg

꽃을 닮은 약과를 만들었어요. 내가 좋아하는 꽃은 어떻게 생겼을까요?
약과와 함께 그려 보고, 색칠해 보아요.

#35 과일 손 모찌

#35 과일 손 모찌

📢 요구사항
- 과일 별로 2가지씩 만드시오.
- 찹쌀이 잘 쪄지도록 수분이 부족하지 않게 넣으시오.

🙂 재료 준비

- 딸기 5개
- 키위 2개
- 귤 2개
- 찹쌀가루 300g
- 달앙금 200g
- 옥수수 전분 50g
- 달기가루 10g
- 녹차가루 10g
- 단호박가루 10g

① 찹쌀가루를 3등분으로 나눠 각각 녹차가루와 딸기가루, 단호박가루를 넣고 체에 내려 놓고, 각각의 가루에 찹쌀가루가 뭉쳐질 정도로 물을 넣어 섞어 준다.

② 딸기는 깨끗이 씻어 꼭지를 제거하고, 키위는 껍질을 벗겨 반으로 잘라 놓고, 귤도 껍질을 벗겨 1/4 등분으로 나눠 놓는다.

③ 찜통에 김이 오르면 찹쌀가루를 색깔별로 15분 정도 쪄 놓는다.

④ 준비한 딸기와 키위 귤은 각각 팥 앙금으로 감싸 놓는다.

⑤ 옥수수 전분을 넓게 펴서 쪄낸 찹쌀을 넣고 등분을 나눠 놓는다.

⑥ 팥 소를 감싼 과일에 각각 색깔별로 찹쌀떡 안에 과일을 넣고, 다시 오므려 완성한다.

아동요리지도사
#35 과일 손 모찌

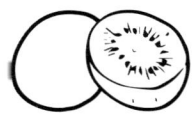

키위를 먹어야 하는 이유는 무엇일까?

키위는 식사 후 더부룩한 증상이 없도록 음식을 잘 소화하고 흡수할 수 있도록 도와주며,
피로와 식욕도 증진 시켜주지요.

키위에는 이런 성분이 들어 있어요

사과의 비타민 E보다 6배가량 더 들어 있으며, 비타민 C는 오렌지의 2배이고,
식이섬유는 바나나보다 5배 더 많이 들어 있지요.
영양이 풍부한 키위는 1개만 먹어도 하루에 필요한 비타민 C를 충족시킬 수 있을 정도이지요.

키위의 영양성분은 다음과 같아요.

100g 기준

칼슘	30.00mg	비타민 C	38.00mg	단백질	0.90g	엽산	27.00μg	칼륨	271.00mg

딸기와 귤과 키위에 손으로 조물조물 찹쌀떡을 입혔어요.
찹쌀떡 안에 어떠한 과일들이 들어 있었을까요? 그림으로 그려 보고, 색칠해 보아요.

#36 체리 요거트 푸딩

#36
체리 요거트 푸딩

📣 요구사항
- 체리와 우유의 색이 어우러지게 만드시오.
- 푸딩을 부드럽게 만드시오.

재료 준비
- 체리 50g
- 우유 200g
- 요거트 가루 30g
- 판젤라틴 1장
- 애플민트 2개

①

판 젤라틴은 찬물에 불려 놓는다.

②

우유와 체리를 넣고 믹서에 갈아 놓는다.

③

냄비에 물을 끓여 중탕으로 판젤라틴을 녹여 놓는다.

④

냄비에 갈아 놓은 체리 우유를 넣고 살짝 끓이다가 요거트 가루를 넣고 녹인다.

⑤

요거트 가루가 녹으면 중탕으로 녹인 젤라틴을 넣고, 골고루 섞는다.

⑥

젤라틴을 넣은 체리 우유는 틀에 붓고 냉장고에 넣어 굳힌 후 꺼내 애플민트로 장식을 하고 완성한다.

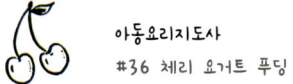

체리를 먹어야 하는 이유는 무엇일까?

숙면에 도움이 되는 트립토판이 들어 있는 체리는 풍부한 안토시아닌을 가지고 있으며,
염증이나 암 예방에 도움을 주지요.

체리에는 이런 성분이 들어 있어요

엘라그산 성분이 체리에 함유되어 있어 나쁜 종양의 성장을 막고,
칼륨 성분으로 인해 나트륨을 몸 안에서 배출시켜 주므로, 고혈압에 도움을 주기도 하지요.
또한, 항산화 성분이 가득 들어 있어 혈액의 콜레스테롤을 낮추고, 성인병 질환 예방에 도움을 주지요.

체리의 영양성분은 다음과 같아요.

100g 기준

칼슘	18.00mg	비타민 C	2.30mg	단백질	1.20g	엽산	8.00㎍	칼륨	244.00mg

말랑말랑한 핑크 푸딩을 만들었어요. 핑크 푸딩을 만들 때 우유와 함께 갈아서 만든 과일이 어떻게 생겼을까요? 생각해 보고 그림으로 그려 보아요.

#37 도깨비 영양빵

#37 도깨비 영양빵

📢 요구사항
- 도깨비 방망이 모양을 만드시오.
- 이스트 발효가 잘될 수 있게 우유는 뜨겁지 않게 사용하시오.

🍎 재료 준비
- **고구마** 100g
- **단호박** 100g
- **강력분** 200g
- **우유** 100g
- **설탕** 30g
- **소금** 2g
- **버터** 30g
- **이스트** 10g
- **달걀** 1개
- **완두콩** 30g

① 고구마와 단호박은 껍질을 벗겨 0.5×0.5cm 크기로 썰어 놓는다.

② 우유에 설탕과 이스트를 넣고, 중탕으로 이스트를 발효시켜 놓는다.

③ 버터도 중탕으로 녹여 준비한다.

④ 강력분을 체에 두 번 정도 내리고, 버터와 발효된 이스트와 소금, 달걀을 넣고 반죽을 한다.

⑤ 반죽에 썰어 놓은 고구마와 단호박과 완두콩을 넣고 골고루 섞어 랩을 덮고 따뜻하게 발효를 시켜 부풀어 오르게 한다.

⑥ 부풀어 오른 반죽을 약 30g씩 떼어내어 방망이 모양으로 만든 후 김이 오른 찜통에 넣어 10~15분 정도 쪄낸 후 완성한다.

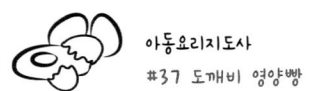

달걀을 먹어야 하는 이유는 무엇일까?

완전식품 중 하나인 달걀은 기억력을 향상시키며,
성장기 어린이가 꼭 먹어야 할 만큼 영양성분이 골고루 들어 있어요.
구각염과 구내염을 예방하고, 양질의 단백질을 공급하기도 하지요.

달걀에는 이런 성분이 들어 있어요

비타민 C와 식이섬유소가 들어 있으며,
지용성 비타민 A와 비타민 E가 항산화 작용을 하고 눈을 보호하기도 하지요.
또한, 단백질의 필수 아미노산이 골고루 들어 있어요.

달걀의 영양성분은 다음과 같아요.

100g 기준

| 칼슘 | 51mg | 비타민A | 150μg | 단백질 | 12.3g | 비타민B2 | 0.43mg | 철 | 0.92g |

금나라와 뚝딱! 도깨비들이 좋아하는 영양빵은 어떻게 생겼나요?
영양빵 모양을 그려 보고, 색칠해 보아요.

#38 블루베리 케이크 크레페롤

#38
블루베리 케이크 크레페롤

📢 요구사항
- 블루베리가 넘치지 않게 만드시오.
- 케이크 크레페는 얇게 만드시오.

🧺 재료 준비
- **박력분** 50g
- **설탕** 60g
- **달걀** 2개
- **베이킹파우더** 1g
- **버터** 30g
- **블루베리** 100g
- **소금** 1g
- **식용유** 50g
- **올리고당** 30g
- **슈가파우더** 20g
- **시나몬 가루** 10g

① 버터를 중탕으로 녹여 준비한다.

② 달걀은 흰자와 노른자로 나눠 흰자는 거품을 내서 설탕 30g을 넣어 단단하게 만들어 놓고, 달걀노른자에는 녹인 버터를 넣고 골고루 섞어 놓는다.

③ 밀가루와 베이킹파우더를 넣고, 체에 내려 달걀 흰자와 노른자를 넣고 섞는다.

④ 블루베리는 설탕과 올리고당과 물을 1/2컵을 넣고 은근히 졸여 놓는다.

⑤ 사각 팬에 기름을 바르고, 따끈해 지면 반죽을 넣고 넓게 펴서 구워낸다.

⑥ 구워진 케이크 크레페에 졸여진 블루베리를 넣고 돌돌 말아 2cm 두께로 썰고 시나몬과 슈가 파우더를 살짝 뿌려 완성한다.

아동요리지도사
#38 블루베리 케이크 크레페롤

블루베리를 먹어야 하는 이유는 무엇일까?

슈퍼푸드의 일종인 블루베리는 눈에 좋은 기능을 하여,
백내장 예방 효과도 있으며, 두뇌 건강에 탁월한 효과가 있어요.

블루베리에는 이런 성분이 들어 있어요

블루베리하면 가장 먼저 안토시아닌과 페놀 화합물이 우선적으로 들어 있어,
콜레스테롤 감소에 효과적이며, 암 예방과 복부비만 등 항산화 작용에 효과적이며,
섬유질이 풍부해 체내 혈당을 조절해 주어요.

블루베리의 영양성분은 다음과 같아요.

100g 기준

칼슘	28mg	비타민A	26μg	단백질	1.2g	니아신	0.5mg	칼륨	187mg

블루베리 크레페는 어디에 구웠을까요?
크레페를 구웠던 팬을 그려 보아요.

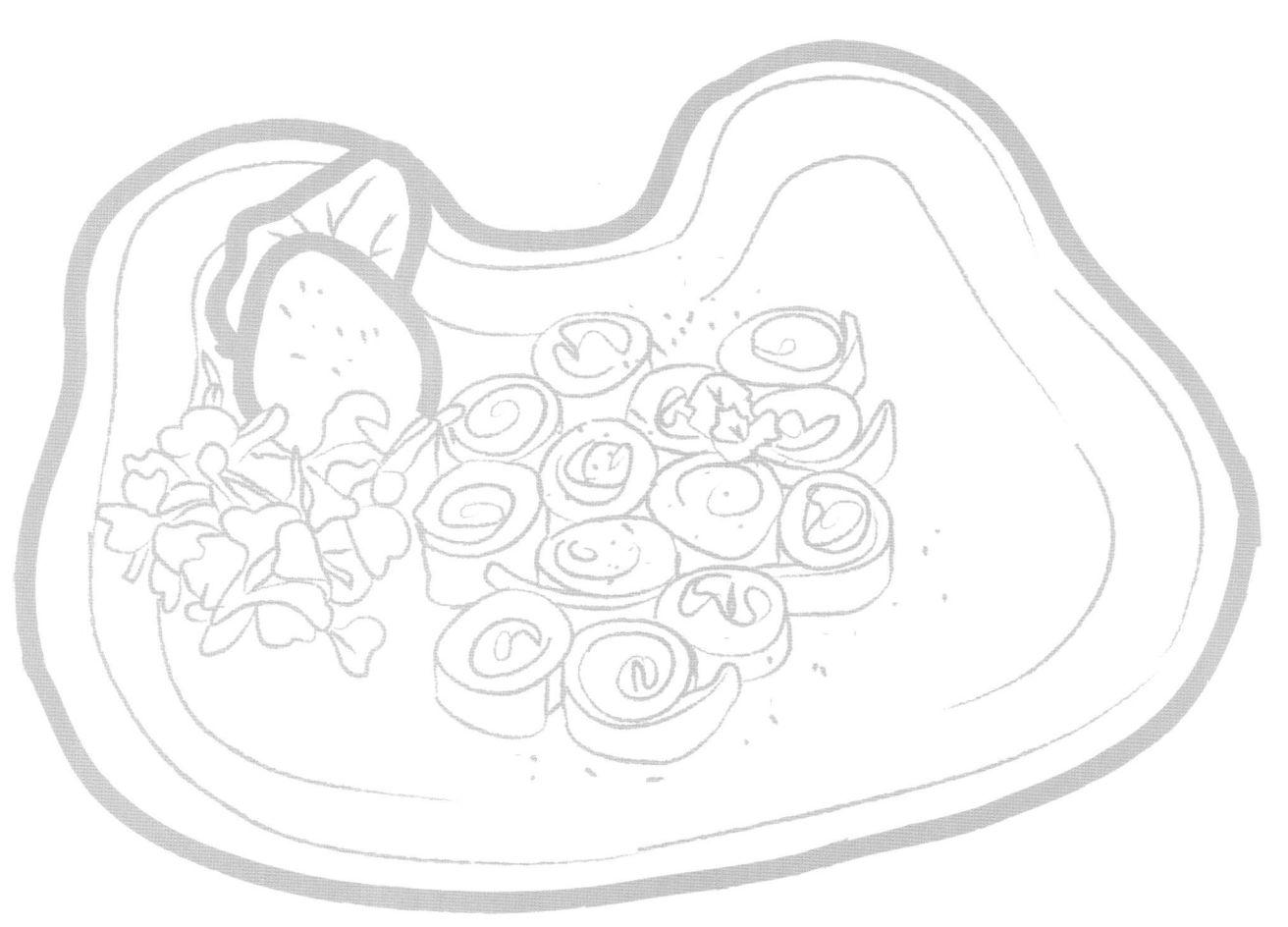

#39 생크림 샤브레

#39
생크림 샤브레

📢 요구사항
- 반죽은 질지 않게 만드시오.
- 설탕을 샤브레 주변에만 묻혀서 만드시오.

🍎 재료 준비
- **박력분** 100g
- **버터** 50g
- **생크림** 20g
- **슈가파우더** 30g
- **달걀** 1개
- **소금** 1g
- **설탕** 20g

버터를 상온에 놓고 버터가 크림 형태로 변하도록 거품기로 풀어 놓는다.

달걀은 흰자와 노른자로 나눠 준비한다.

거품기로 풀어 놓은 버터에 슈가파우더와 달걀 노른자를 넣고 골고루 섞는다.

박력분과 소금을 체에 내려 달걀 노른자 반죽에 생크림과 함께 섞어 준다.

섞여진 반죽을 뭉쳐 약 30분 정도 휴지를 시킨다.

휴지시킨 반죽을 0.5cm 두께로 밀어 쿠키 커터로 찍고, 가장자리에 달걀 흰자를 바르고 설탕을 발라 170℃ 예열된 오븐에 13분 구워 완성한다.

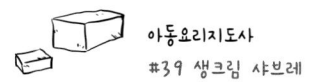

버터를 먹어야 하는 이유는 무엇일까?

풍미가 가득한 버터는 우유에서 크림을 분리해서 만들었지요.
필수 지방산인 올레익산이 들어 있어 어린이의 발육과 두뇌 발달에 효과를 주고 있어요.

버터에는 이런 성분이 들어 있어요

비타민 A 와 비타민 K가 들어 있으며, 미네랄과 셀레늄도 포함되어 있으며
활성산소를 낮추어 노화를 방지하기도 하며,
버터 안의 레시틴 성분은 나쁜 콜레스테롤을 분해 하는 역할을 하기도 해요.

버터의 영양성분은 다음과 같아요.

100g 기준

칼슘	22.00mg	비타민A	418μgRE	러티놀	397μg	베타카로틴	123μg	칼륨	28.00mg

설탕 가루를 묻혀 만든 샤브레는 어떻게 생겼을까요?
오븐에 구워 만든 샤브레를 그려 보아요.

#40 단호박 무스 몽블랑

#40 단호박 무스 몽블랑

📢 요구사항
- 단호박 무스가 흘러내리지 않게 만드시오.
- 슈가파우더는 전체를 덮지 않게 만드시오.

🧑‍🍳 재료 준비
- **단호박** 100g
- **생크림** 30g
- **버터** 10g
- **설탕** 20g
- **식빵** 2장
- **슈가파우더** 5g
- **애플민트** 3잎

① 단호박은 껍질을 벗겨 찜통에 쪄 체에 곱게 내려놓는다.

② 식빵은 둥글게 커터로 찍어 준비한다.

③ 준비한 식빵에 버터를 살짝 발라 프라이팬에 노릇노릇하게 구워 식힌다.

④ 체에 내린 단호박에 생크림과 설탕을 넣고 골고루 섞어 준다.

⑤ 섞어진 단호박 무스를 짜 주머니에 담아 놓는다.

⑥ 구워진 식빵 위에 단호박 무스를 돌려 가면서 위로 올려 짜 주고, 맨 위에 슈가파우더와 애플민트로 장식을 하고 완성한다.

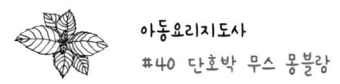

애플민트를 먹어야 하는 이유는 무엇일까?

감기 예방과 치료에 효과가 있는 애플민트는 허브의 한 종류이며
위장병과 두통 및 콜레라와 히스테리에 좋은 식품 역할을 해 주어요.

애플민트에는 이런 성분이 들어 있어요

멘톨의 성분이 들어 있는 애플민트는 소화불량을 개선해 주며,
살균작용이 뛰어나며, 치통 개선과 치아 건강에 도움을 주지요.
피로회복에도 좋은 효능을 주고 있어요.

애플민트의 영양성분은 다음과 같아요.

100g 기준

칼슘	비타민A	식이섬유	베타카로틴	칼륨
871.00mg	2.211μgRE	8.00g	13,267μg	2,530.00mg

단호박 무스를 돌돌 올려서 몽블랑을 만들고 애플 민트를 위에 올려놓았어요.
애플민트는 어떻게 생겼을까요? 그려 보고, 예쁘게 색칠해 보아요.

코코넛 아몬드 봉봉쿠키

바나나 스틱 빼빼로

크랜베리 반달 꿀떡

공룡알 피자빵

롤리폴리 꼬치빵

동글동글 견과 약밥

구운 닭고기 샐러드

통팥 넣은 미니 고구마

떡갈비 완자

고깔 만두

삼색 바나나 완자 꼬물이

말하는 채소 햄버거

궁중 떡 잡채

뱅어포 소고기 샌드위치

생딸기 젤리뽀

과일 핫케이크

크림치즈 떡볶이

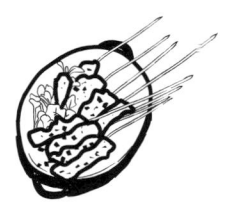
꼬꼬 닭꼬치

파프리카 볶음밥 전

과일 백김치

참치 폭탄밥

이름 설기떡

단호박 요거트 과일 케이크

생레몬 넣은 마들렌

생강쿠키맨

소고기 비빔국수

강황쌀 크랜베리 쌀강정

못난이 미니 핫도그

과일 소스 미니 함박볼

이불 덮은 당근밥

눈 오는 마을

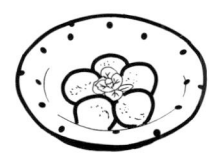
조물조물 단호박 아란치니

비행접시 도너츠

꽃 약과

과일 손 모찌

체리 요거트 푸딩

도깨비 영양빵

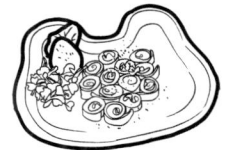
블루베리 케이크 크레페롤

생크림 샤브레

단호박 무스 몽블랑

PART 02
아동요리지도사 자격을 위한 이론

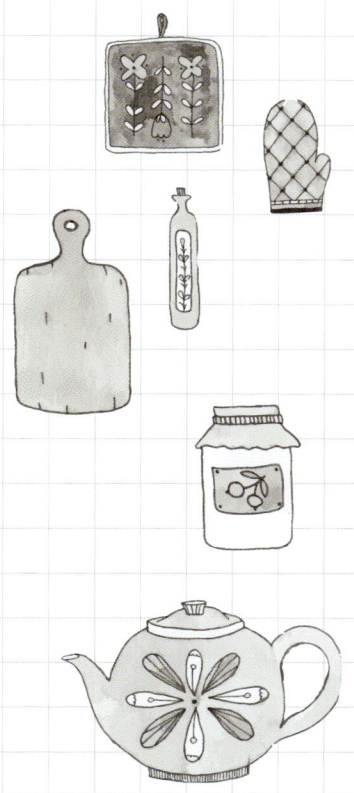

#01
식품 위생학

01 식품 위생 및 안전

식품의 균형 잡혀 있는 영양소가 인체에 공급되는 것도 중요하지만, 식품의 가장 중요한 기본 요인은 안전과 위생이 즈건시 되는 것이다.

과거에는 식량 부족으로 인해 기아 해결이 우선 목적이 되었으나, 생활의 질이 향상되고 경제가 성장하면서 식품의 안정성 및 영양에 대한 관심이 더욱 높아지고 있다.

세계보건기구 WHO에 의하면 식품위생이란 『식품의 재배 단계에서부터 생산, 제조 가공은 물론 운반, 저장, 판매에 따른 유통단계를 거쳐 식품의 조리 및 사용 소비하는 과정에 식품의 안전성을 유지 및 향상에 기함으로 인간이 건강을 보호하고 증진하기 위해 필요한 수단과 방법을 적절히 강구 한다』고 정의하고 있다.

그만큼 식품은 건강과 연결이 되어 있기 때문에 안전하게 조리되어야 하고 안전한 먹거리가 조성되어야 한다.

따라서 식품을 제조 및 조리를 할 때는 반드시 위생과 안전을 먼저 고려해야 한다.

02 식품의 변질

식품을 안전하게 섭취 또는 조리하기 위해서는 먼저 식품의 위해요소를 제거하고, 식품에 있는 영양소가 파괴되지 않도록 주의한다.

그러나 식품은 쉽게 미생물 또는 해충에 의해 변질할 수 있으며, 화학적 요인인 열, 산소, 광선 등에 의해 변질이 올 수 있으며, 변질하는 과정에서는 영양소가 파괴되며, 미생물 수가 증가하여 맛과 냄새가 저하된다.

1. 환경에 의한 변질

- 토양 : 호기성 미생물과 혐기성 미생물이 서식하며, 토양에서 자라는 식물과 가축이 먹는 사료를 직접 또는 간접적으로 오염시킬 수 있다.
- 담수 : 가축의 배설물로 인해 병원성 미생물이 있는 경우다. 연못이나 하천으로 흘러들어 간 가축의 배설물에 의해 이르어진다.

- 해수 : 1~3%의 식염 농도에 서식하는 균들이며 대부분 해수에 서식하는 어류를 오염시킬 수 있다.
- 공기 : 바람이나 먼지에 의해 미생물의 포자들이 날아가 존재한다. 그람양성균의 포자형성 간균, 구균과 곰팡이 포자 및 효모 포자이며, 유지의 산패에 영향을 받아 극히 적은 산소에도 산패를 일으키기도 한다.
- 분변 : 식중독의 원인이 되기도 하며 퇴비를 만들 때 제대로 숙성이 이루어지지 않고 사용하게 되면 토양의 농작물이 분변의 미생물에 의해 오염된다. 가축의 분변을 위생적으로 처리 및 관리를 해야 하며, 특히 홍수로 인한 분변이 범람하여 오염되지 않도록 한다.

03 식품저장에 따른 변질의 방지

1. 물리적 방법

1) 냉장, 냉동법이 있다. -5~70℃의 온도에서 미생물은 자랄 수 있으나 온도가 생장 온도보다 낮아 지면 성장 속도가 느려진다.

따라서 낮은 온도에서 식품을 보관하면 변질의 속도를 늦출 수 있다. 냉장은 빙점(물이 어는 시점) 10℃ 이하의 온도에 식품을 보관하는 법이고, 냉동은 빙점 이하의 온도에서 식품을 보관하는 방법이다.

2) 건조법 : 식품이 지니고 있는 수분을 낮추거나 제거하는 방법으로 식품 미생물 발육을 억제하고, 화학적 반응 및 효소 반응이 저해되며, 식품의 변질 및 보존성을 증가시킨다.

햇빛이나 그늘에서 식품을 건조하는 자연법은 예전부터 사용해 왔으며, 그 외 인공 건조법으로는 가압 건조법, 열풍건조법, 분무건조법, 진공건조법 등이 있다. 건조법을 사용한 대표적인 식품으로는 표고건버섯, 무말랭이, 시래기 등이 있다.

3) 가열 살균법

식품에 있는 미생물을 사멸시키므로 식품의 변질을 막을 수 있다. 가열 살균법에는 우유, 맥주, 과즙 등에 사용하며 초고온멸균법과 고온순간살균법, 저온살균법 등이 있다.

종류	가열 살균법
초고온멸균법	130~150℃에서 1~3초 가열 (내열성균의 포자까지 사멸)
고온순간살균법	71~75℃ (병원균의 살균에 많이 사용)
저온살균법	63℃ 30분 동안 가열 (과즙, 우유, 맥주 등에 사용)
상업적살균법	70~100℃이하로 가열 (산성식품에 사용)
간헐살균법	100℃ 20~50분간 (1일 1회 연속3일 같은 시간에 반복)
습열멸균법	1.05kg/cm² (고압의 수증기로 120℃에서 15분간)
자비살균법	100℃ 물에서 30분간 (우윳병, 가위, 칼)

그 외 조사법 및 여과법이 있다.

2. 화학적 방법

1) **보존료** : 신선한 상태의 식품을 보존하기 위해 첨가제를 사용하는데 그 물질이 바로 보존료이며 식품의 부패 및 미생물 발육을 억제한다.

보존료에는 소르빈산, 데히드로초산, 안식향산, 파라옥시안식향산, 프로피온산 등이 있다.

2) **절임** : 삼투압 현상을 이용한 방법으로 소금 또는 설탕을 첨가해서 수분의 활성도를 저하시키는 방법이다.

예로부터 많이 사용해 왔으며, 식품의 수분이 외부로 빠져나와 탈수가 진행되게 되면, 미생물 증식이 어려워 부패를 방지할 수 있다. 2%의 소금 농도에서는 세균의 증식이 억제된다. 예로 오이절임 등 있다.

3) **훈연 : 목재를 태워서 나오는 연기를 이용한 창법이다.**

육류나 생선류를 오래 보관할 수 있으며 맛과 풍미도 부여하는 방법으로 주로 햄이나 훈제 연어에 사용했으며, 목자를 태워서 나오는 방부성 물질들이 식품에 침착되어 저장성을 높여 준다. 주로 자작나무, 상수리나무, 매화나무, 호두나무를 사용한다.

04 식품 식중독

식품위생법에 의하면 식중독이란 『식품의 섭취로 인하여 인체에 유해한 미생물 또는 유독물질에 의하여 발생하였거나 발생한 것으로 판단되는 감염성 또는 독소형 질환』으로 규정하고 있다.

식품을 섭취한 2인 이상이 독소형 질환이나 감염성 질환을 일으킨 경우를 집단식중독이라고 한다.

최근 들어 우리나라에는 노로바이러스에 의한 식중독이 급증하고 있으며, 겨울철에도 발생하고 있으며, 전체 식중독 발생 중 노로바이러스에 의한 것이 해마다 증가하고 있다.

오염된 지하수로 세척한 식재료 또는 오염된 패류 섭취 및 사람과 사람 간의 2차 발생이 이루어지고 있으며, 노로바이러스 식중독 예방을 위해서는 손을 청결히 하고 지하수 이용 음식점 또는 급식소 등의 수질 관리 및 주변 관리가 필요하다.

식중독의 분류표			
미생물	세균성	감염형	살모넬라, 장염비브리오균, 캄필로박터, 여시니아. 바실루스 세레우스, 병원성대장균, 리스테리아 모노사이토제네스 등
		독소형	황색포도상구균, 클로스트리디움 보툴리눔, 클로스트리움 퍼프린제스 등
	바이러스성	공기, 물, 접촉의 경로로 전염	로타바이러스, 노로바이러스, A형간염 바이러스, 아스트로바이러스
화학물질	자연독	동물성 자연 독	복어독, 사가테라독
		곰팡이 독소에 의한 독	맥가독, 황변미독, 아플라톡신
		식물성 자연독	버섯독, 감자독
	화학적독	오용첨가물 유해물질	식품첨가물
		조리기구 및 포장	납. 비소. 녹청(구리)
		혼입되는 유해물질	잔류 농약, 유해성 금속화합물
		제조. 가공. 저장에 의한 유해물질	니트로소아민, 지질의 산화생성물
		기타 물질에 의한 중독	메탄올 등

1. 자연독에 의한 식중독

어류 및 조개류와 식물에 의한 식중독이다.

① 복어독 : 복어의 난소, 알, 간장에 들어 있으며, 테트로도톡신이라 하여 치사율이 50% 이상 높으며, 식후 30분에서 3시간 사이에 발생이 되며, 신경전달이 차단되어 마비증상과 두통 및 복통, 구토 증상, 안면 마비, 호흡곤란이 온다.

② 패독 : 조개류에서 발생하며, 베네루핀, 테트라민 등의 종류가 있고, 독성물질에 의해 중독증상이 유발된다.

③ 무스카린 : 파리버섯, 광대버섯, 솔땀버섯 등에 들어 있는 독성으로 타액분비, 발한, 구토, 설사 등의 증상과 함께 안던근육이 마비된다.

④ 솔라닌 : 감자의 녹색 부위에 함유된 독성으로 가열해도 독성이 파괴되지 않으며, 섭취했을 때 식중독을 일으키며, 구토, 현기증, 근육마비, 호흡 곤란이 온다.

⑤ 시쿠톡신 : 독미나리이며, 맹독성 알칼로이드를 함유하고 있다. 섭취했을 시 두통, 복통, 현기증, 경련을 일으킨다.

⑥ 고시풀 : 목화의 종자와 뿌리 및 줄기에 있으며, 면실유를 제조할 때 고시풀을 반드시 정제해야 하며, 신장염, 심장비대, 간장장애 등이 나타난다.

⑦ 아플라 톡신 : 곰팡이균에 의한 독이며, 일반적인 조리 또는 가공해도 잘 파괴되지 않을 정도로 독성이 강하다. 주로, 두류, 곡류, 땅콩, 견과류에 있다.

⑧ 황변미독 : 오염된 쌀에 발생하는 곰팡이로 긴한 독성이다. 황색으로 변질한 쌀을 황변미라 하는데, 간경변을 유발하고, 지용성 간장독으로 간암을 유발하기도 한다.

2. 바이러스 식중독

① 노로바이러스 : 미국의 지역에서 발생하게 되어 지역명을 따서 만든 명칭이다. 식품과 식수를 잘 오염 시키며 감염자의 분뇨나 오염된 식품으로 전염을 시키며, 감염력이 크며, 생존력 또한 높고 2차 발병률 또한 높다. 우리나라에서도 노로바이러스에 의한 식중독이 해마다 늘어나고 있다.

② A형간염바이러스 : 물이나 식품의 매개체로 감염된다. 간염바이러스이며 급성 간염을 일으키고, 15~50일 정도의 잠복기가 있으며 구토, 발열, 설사를 동반하며 권태감의 증상이 나타난다. 주원인 식품으로는 우유, 식수, 채소, 샐러드 등이 있다.

③ 로타바이러스 : 호주에서 발생했으며, 수레바퀴 모양의 바이러스라고 해서 로타라는 이름을 붙여 사용하게 되었다. 장염을 유발하고 영·유아들에게 발생하는 경우가 많이 있으며, 잠복기는 1~3일 정도이고, 구토, 발열, 설사, 탈수 등이 나타난다. 식품, 공기, 오염된 식수에 의해 발생한다.

3. 식중독 예방

식품의 종류에 따라 미생물들이 다르기 때문에 식중독을 예방하기 위해서는 미생물에 따라 차이가 있을 수 있으나 보편적으로는 식품의 오염을 방지하고, 식품균의 증식을 방지하거나 사멸시키는 것이 좋다.

또한, 식품을 조리하는 사람들의 개인위생과 조리 도구, 조리 시, 저장고 등을 위생적으로 관리하고, 식품에 있는 원인균의 증식을 억제하기 위해서는 식품을 냉장하고 교차 오염을 막도록 주의한다.

식품을 익혀서 보관할 경우에는 충분히 익히고 단시간 내에 소모하도록 한다.

#02 식품학

01 식품학

1. 식품의 정의

사람이 살아가는데 꼭 필요한 음식 중 한 가지 이상의 영양소를 함유하고, 유해하지 않은 제품으로 이루어진 것들을 식품이라고 말한다.
식품의 종류에는 조리식품, 반조리식품, 천연식품, 가공식품 등이 있다.

2. 식품의 기본요소

① 안정성: 인체에 해가 없어야 하며, 식품이 가지고 있는 독소 또는 자체 독소성분과 식품첨가제로 인한 유해가 되지 않도록 안전성을 고려한다.
② 영양성 : 인체의 성장과 발육 유지를 위하여 식품에는 신진대사에 필요한 다양한 영양소가 골고루 들어 있어야 한다.
③ 경제성 : 질이 좋으며 위생적으로 만들어진 식품을 저렴하게 구입할 수 있어야 한다.
④ 기호성 : 맛과 향, 색감 등으로 식욕을 자극 할 수 있고, 증진시킬 수 있어야 하며, 음식을 섭취할 때 나오는 소화액의 분비로 인해 영양소가 흡수될 수 있어야 한다.

3. 5가지 기초 식품군에 따른 영양소

군별	식품군	주요영양소	기능	식품
1군	달걀, 육류 생선류, 콩류	단백질	혈액과 근육과 피부와 장기 등	소고기, 돼지고기, 달걀, 콩, 된장, 두부, 생선 등
2군	우유 및 유제품 뼈째 먹는 식품	칼슘		우유, 치즈, 뱅어포, 사골, 멸치 등
3군	과일 및 야채류	비타민 및 무기질	질병을 예방하고 신체를 조절함	김, 미역, 배추, 당근, 귤, 사과, 시금치, 토마토, 딸기 등
4군	곡류 및 서류	탄수화물	신체에 필요한 에너지를 공급함	쌀, 현미, 보리, 감자, 고구마, 옥수수, 밀, 밤, 토란 등
5군	유지방	지방		참기름, 콩기름, 들기름, 호두, 잣, 땅콩, 버터 등

4. 영양소 및 영양

① 영양소 : 탄수화물이나 비타민, 무기질 및 단백질과 같은 영양들이 모여 필요한 영양을 공급하게 되어 신체에 영양을 유지 시켜 준다. 조절 영양소 및 구성 영양소, 열량 영양소가 있다.

② 영양 : 외부에서 들어온 영양소에 의해 신체에 에너지를 발생시키는 열량을 만들어 내고, 몸의 건강을 만들어 가는 과정이다.

5. 영양소의 기능 및 구성

① 조절 영양소 : 비타민과 무기질 및 물은 신체에 여러 가지 생리 작용을 조절하는 역할을 한다.
② 열량 영양소 : 탄수화물, 단백질, 지방은 신체 활동에 필요한 열에너지를 공급한다.
③ 구성 영양소 : 단백질 및 무기질은 치아 및 피부조직과 지방조직 그리고 뼈를 구성한다.
　Ⓐ 3대 영양소 : 단백질, 지방, 탄수화물
　Ⓑ 5대 영양소 : 단백질, 탄수화물, 무기질 및 비타민, 지방
　Ⓒ 6대 영양소 : 단백질, 탄수화물, 무기질 및 비타민, 지방, 물

02 식품의 성분

1. 탄수화물

탄수화물이 체내에 하는 역할은 단백질 절약 작용과 에너지를 공급하고 식품의 단맛과 향미를 제공하며 케톤증을 예방한다. 또한, 탄수화물과 지방이 다른 성분과 합성되어, 가공되는 식품에서는 첨가제 및 감미료 등으로 사용되기도 하며, 단당류와 소당류, 다당류로 크게 분리할 수 있다.

2. 지방

물에 잘 녹지 않으며, 동물성 식품에 많이 함유되어 있다.
체내에 에너지원을 효율적으로 공급하기도 하며, 단순지질과 복합지질, 유도지질로 분류한다.

① 단순지질은 지방산 및 알코올의 에스테르로 중성지질 및 왁스가 있다.
② 복합지질은 단순지질에 인, 당, 아미노산, 유황 등이 다른 성분과 결합 되어 당지질과 인지질, 유황지질, 아미노산지질이 있다.
③ 유도지질은 단순지질과 복합지질이 가수분해 되어 만든 성분이며 알코올, 지방산, 스테로이드, 탄화수소 등이다.

3. 수분

생물체 내에서 여러 물질을 용해하여 그 물질을 운반하며 조직을 구성할 수 있도록 하는 가장 기본적인 성분이지만, 에너지원이 될 수는 없다.
하지만 체 조직의 구성 성분 중 2/3 정도의 많은 양을 차지하고 있는 중요한 역할을 하고 있다.
인체에 수분은 약 65%이며, 그중 71% 정도는 세포 내에 있으며, 혈장에는 7% 장내 조직에는 22% 있으며, 인체에 수분이 약 10%만 손실이 되어도 사람은 고통이 심하게 되며, 약 20% 정도 손실이 되면 사망에 이르게 되므로, 수분은 생명을 유지하는 데 꼭 필요한 요소이다.

4. 비타민

성장 및 건강에 필요한 성분이며, 인체에 합성되지 않으므로, 식품으로 섭취해야 하며, 물에 녹는 수용성 비타민과 지방이나 지방을 녹이는 유기용매에 녹는 지용성 비타민으로 나눌 수 있다.
지용성 비타민이 부족할 경우에는 야맹증과 구르병, 골연화증, 골다공증 및 성장정지 및 피부염 등이 생긴다.
수용성 비타민이 부족할 경우에는 신경통과 식욕부진, 피로, 구순염, 악성빈혈 면역력 저하 등이 생긴다.

5. 단백질

아미노산으로 구성된 단백질은 지방과 탄수화물처럼 성장 및 영양유지에 중요한 역할을 하고 있으며, 종류가 다양하여 형태 및 구조에 따라 구분이 되는데, 크게 단순단백질과 유도단백질, 복합 단백질 및 동물성 단백질, 식물성 단백질로 나눠 구분한다.
① 단순단백질 : 아미노산으로만 구성되어 있고, 구조가 단순하며 용해의 특성에 따라 분류한다.
  종류는 알부민, 클로불린, 프로라민, 프로타민, 글루텔린, 히스톤, 아부미노이드가 있다.

② 복합단백질 : 아미노산 외 당질 지질 금속 인산 색소 핵산 등이 결합된 단백질이다.
③ 유도단백질 : 천연단백질이 화학적 물리적 효소적 작용에 의해 변화되었으며 변화에 따라 1차 유도단백질. 2차 유도단백질로 분류된다.

6. 무기질

생물체 내에서 무기질은 에너지원으로 사용하지 않으나, 생체를 구성하는 성분으로 존재하며, 무기질의 기능은 신체의 구성성분인 골격조직을 형성하고, 근육의 탄력을 유지하고, 혈액 응고를 하는 역할과 생체 내 pH 삼투압 조절 및 물리적 화학적 작용을 시켜 준다.
또한, 식품이 지니고 있는 무기질의 종류에 따라 알칼리성 식품과 산성 식품으로 나눌 수 있다.
① 산성 식품 : 비타민 A, B1, B2와 같은 중요한 영양소를 다량 가지고 있으며 열량이 높고 단백질이 풍부하다(곡류, 달걀, 두류, 육류, 어류 등).
② 알칼리성 식품 : 칼륨과 칼슘 등의 무기질 또는 여러 효소가 다량 함유되어 있으며 건강 유지에 꼭 필요한 나트륨 및 마그네슘 등을 함유하고 있다(채소류, 과일류, 해초류 등).

03 식품의 성분

1. 식품의 색

식품에 들어 있는 천연색은 동물성 색소와 식물성 색소가 있으며, 식물성 색소는 또다시 수용성 색소와 지용성 색소로 나누어진다. 식품 안의 색은 냄새나 맛과 함께 식욕에 영양을 주기도 하고, 식품의 신선도와 품질평가에 기준이 되기도 한다.
① 식물성 색소 : (수용성 색소) 플라보노이드, 안토시아닌, 안토잔틴
　　　　　　　 (지용성 색소) 클로로필, 카로티노이드
② 동물성 색소 : 카로티노이드, 헤모글로빈, 미오글로빈 등

2. 식품의 맛

천연식품 또는 가공식품 등에는 고유의 맛과 특유한 맛이 들어 있으며, 맛은 냄새와 색깔 그리고 기호적인 가치와 식품의 품질을 결정짓는 중요한 요소가 된다. 맛은 미각에서 가장 많이 느끼지만, 통각, 촉각, 시각, 청각, 온각 등에서도 감각적으로 느낄 수 있다.

식품의 가장 기본적은 맛은 헤닝에 의해 짠맛, 쓴맛, 단맛, 신맛으로 분류되었으나, 4가지 맛 외에도 매운맛, 떫은맛, 맛있는맛, 금속맛, 아린맛, 비린맛 등으로 나눌 수 있다.

온도에 따라 느껴지는 미각 효과			
미각의 종류	미각이 느끼는 최적의 온도	종류	맛을 좋게 느낄 수 있는 온도
쓴맛	40~50℃	사이다	15℃
단맛	20~50℃	전골	95℃
짠맛	30~40℃	된장국	62~68℃
매운맛	50~60℃	밥	40~45℃
신맛	25~50℃	커피	70~80℃
		국	70℃
		맥주	8~12℃

① 단맛 : 천연 감미료와 인공 감미료로 단맛을 느낄 수 있다.
  당류는 과당 > 전화당 > 설탕 > 포도당 > 맥아당 > 유당의 순서이다.
② 쓴맛 : 낮은 온도에서 느끼는 쓴맛은 다른 식품에 영향을 미칠 수 있으나, 다른 맛의 성분과 조화된 쓴맛은 기호성을 높여 준다.
  예) 맥주, 커피, 초콜릿, 코코아
③ 짠맛 : 식생활에 밀접한 짠맛은 조리의 가장 기본적인 맛이며, 주로 염류에 의한 맛이다.
  또한, 음이온이 짠맛을 내며, 양이온은 부가적인 맛을 가지고 있다.
④ 신맛 : 무기산과 유기산의 성분으로 이루어졌으며 해리된 수소 이온의 맛이며, pH로 신맛의 강도는 정비례하지 않는다

미각을 자극하므로 식욕을 느낄 수 있으며, 특유의 향을 지니고 있다.
　　　Ⓐ 무기산 : 탄산, 염산, 인산
　　　Ⓑ 유기산 : 청량감, 상쾌한맛, 주석산, 구연산, 초산, 젖산
　⑤ 매운맛 : 통각이라고도 하며, 미각의 신경을 자극시켜 만들어지는 맛이다. 살균, 살충 작용을 하며 풍미를 지니고 있어 식욕을 촉진한다.
　　　Ⓐ 시날빈 : 백겨자
　　　Ⓑ 캡사이신 : 고추
　　　Ⓒ 시니그린 : 고추냉이, 흑겨자

3. 식품의 냄새

식품의 냄새는 휘발성 성분과 천연에 의한 것이며, 식품의 기초품질과 맛을 결정한다.
향은 좋은 냄새를 말하고, 취는 불쾌감을 주는 냄새를 말하며 모든 식품에는 특유의 냄새가 있으며, 조직감의 조화에 의해 고유의 냄새를 가지며, 헤닝에 의해 기본적인 6가지의 냄새로 구분된다.

① 과일향기(Fruity Odor) : 딸기, 사과, 귤, 레몬 등
② 꽃향기(Flowery Oder) : 장미, 국화, 후레지아 등
③ 향신료향(Spicy Odor) : 로즈메리, 후추, 진저 등
④ 수지향(Resinous Odor) : 발삼, 송정유 등
⑤ 탄냄새(Burnt Stink) : 커피, 캐러멜 등
⑥ 썩은냄새(Putrid Stink) : 부패란, 부패어육, 육류 등

#03 조리 과학

01 조리의 정의 및 목적

1. 조리의 정의
유해물질이 없는 식품을 위생적으로 안전하게 처리 후 물리적 조리로 소화가 잘되고 먹기도 좋으며, 시각적으로도 효과가 있게 만드는 과정이다.

2. 조리의 목적
① 안전성
② 기호성
③ 영양성
④ 저장성

3. 가열 조리법
① 습열조리 : 끓이기, 찌기, 삶기
② 건열조리 : 튀기기, 굽기, 볶기
③ 복합조리 : 건열과 습열을 이용한 혼합조리법 및 전자레인지 가열

4. 열 전달법
① 전도 : 열이 물체에 따라 이동한다.
② 복사 : 물체 표면에 닿으면 물체에 흡수되어 열이 발생한다.
③ 대류 : 액체는 온도가 낮아 밀도가 크므로 아래로 내려와 열전달이 일어난다.
④ 마이크로파 : 마이크로파가 진동, 회전시켜 내부에서 마찰을 일으키면, 열이 발생하여 이 열이 동시에 여러 방향으로 빠르게 가열된다.

02 조리의 기초

계량하고, 담그고, 씻고, 썰고, 갈고, 으깨고, 섞고, 치대고, 식히는 것

03 조리의 특성 및 재료 원리

1. 곡류 및 두류

1) 곡류의 구조 : 외피, 배유, 배아

① 쌀의 성분 : 탄수화물이 주성분이고, 전분이 약 75% 이상이다. 그 외 덱스트린과 섬유소 등으로 구성되어 있으며, 멥쌀은 아밀로오스 아밀로펙틴이며, 찹쌀은 아밀로펙틴으로 구성되어 있다.

② 쌀의 도정 : 5분도미 : 50% 도정
　　　　　　　7분도미 : 70%(현미 중량이 95%)
　　　　　　　10분도미 : 100% 백미

③ 밀의 분류
- 경질밀 : 강력분이며 단백질 함량이 13%이다. 식빵, 피자, 스파게티를 만들 때 주로 사용하며 조직이 치밀하고 단단하다.
- 중간질밀 : 중력분이며 경질밀과 연질밀의 중간이며 10~13%의 단백질이 형성되어 있으며 국수, 만두피 등에 적합하다.
- 연질밀 : 박력분이며 조직이 부드럽고 단백질 함량이 10% 이하이며 쿠키, 케이크, 파이를 만들 때 적합하다.

2) 두류의 조리

① 흡수성 : 콩 무게의 90% 이상 흡수를 한다.
② 기포성 : 대두, 팥에는 사포닌이 0.3~0.5% 함유되어 있어 삶을 때 거품이 일어난다.
③ 용해성과 응고성 : 대두를 갈아 물에 담그면 글리시닌이라는 단백질이 90%까지 용출되며, 칼슘염, 마그네슘염과 같은 염류응고제를 이용하여 만든 식품이 두부이다.

2. 어패류의 냄새 및 성분

① 어류에서 나오는 냄새는 트리메탈아민 옥사이드라는 물질을 말한다.
　싱싱한 생선의 단맛의 냄새 성분이지만, 효소 작용 및 세균의 번식에 의해 아미노산이 여러 성분과 분해되어 트라이메틸아민으로 환원되어 비릿한 냄새와 신선도를 떨어뜨린다.
② 담수어 : 피페리딘과 아세트알데하이드가 함축된 냄새이다.

3. 육류

① 육류의 구조 : 근육조직, 결합조직, 지방조직. 지방조직, 골격
② 사후경직 : 도살된 동물은 시간이 지나면서 근육이 단단해지는 과정을 사후 경직이라 한다. 글리코겐이라는 혐기적 해당 과정을 거쳐 젖산이 축적되며 ATP 분해효소 작용으로 생성된 인산에 의해 pH6.5 이하로 저하된다.
③ 숙성 : 사후 경직 이후 근육 내 프로테아제라는 단백질 분해 효소로 인해 자기 소화가 일어나며 근육이 연해지고 유리가 미노산과 올리고 펩타이드가 생성되어 풍미와 맛이 좋아진다.
④ 부패 : 숙성 기간이 길어지고 고온 숙성이 되면 미생물의 부패가 일어나 생기는 현상이다.
⑥ 육류 연화법 : 고기결 반대 방향으로 썰기, 다지기, 칼집 넣기 등이 있으며, 단백질 분해효소인 프로테아제, 배, 키위 등으로 연육하는 방법이 있다.
⑦ 육류의 저장 : 냉장(단기저장) - 2~3℃의 온도에서 80~90%의 습도를 유지하고 저장한다.
　　　　　　　　냉동(장기 보관) - -29~-30℃의 온도에서 급속 동결하고 -20℃ 내외로 저장한다.

4. 달걀

① 달걀의 구조 : 알껍질(난각) 난각막, 난황, 난백
② 달걀의 성분
　㉠ 수분 : 수분 함량은 76%이며 난백은 88%, 난황은 51%이다.
　㉡ 단백질 : 필수아미노산으로 단백질이 많고, 영양적 가치가 난백에는 11% 난황에는 16%의 단백질이 함유되어있다.
　㉢ 무기질 : 철분 및 칼슘이 난황에는 다량 함유되어 있다.

ⓔ 지질 : 레시틴으로 구성되어 있으며, 난황의 30%가 지질 중 인지질이다.
　　ⓜ 색소 : 노란색의 난황에는 제아잔틴과 루테인의 색소가 들어 있다.
　　ⓗ 비타민 : 비타민 B1, B2와 판토텐산이 난황에는 들어 있다.
③ 달걀의 기능 : 결착제, 팽창제, 농후제, 유화제, 간섭제, 청정제
④ 달걀의 응고 온도, 시간
　　㉠ 98~100℃ : 12분
　　㉡ 85~90℃ : 25분
　　㉢ 70℃ : 100분

5. 우유 및 유제품

① 우유의 주 단백질 : 카세인이라는 유청 단백질로 구성되어 있다.
　　㉠ 카세인(casein) : 인과 칼슘이 결합된 복합체이며 우유 속의 단백질이 약 80%를 함유하고 있고, 레닌효소, 산, 폴리페놀 화합물에 의해 응고된다.
　　㉡ 유청 단백질 : 우유가 가지고 있는 20%의 단백질이다. 레닌이나 산에 응고되지 않고 가열에 의해 응고되면서 침전물과 피막을 형성한다.
② 살균
　　㉠ 저온살균법 : 62~65℃ 30분간 살균한다.
　　㉡ 고온 단시간 살균법 : 72~75℃에서 15~20초간 살균한다.
　　㉢ 초고온 살균법 : 130~150℃에서 2~3초간 살균한다.
③ 우유의 제조공정 : 원유 → 품질검사 → 청정 → 냉각 → 균질화 → 가열, 살균, 냉각 → 충진 → 제품검사 → 냉장보존 및 출하

6. 당류

① 단맛이 강한 순서는 다음과 같다(과당이 가장 단맛이 강하다).
　　과당 → 전화당 → 자당(설탕) → 포도당 → 맥아당 → 유당

7. 야채 및 과일

① 과일 조리 시 변화
- ㉠ 효소적 갈변 : 폴리페놀화합물이 과일 속이 함유되어 공기 중의 산소와 접촉 후 갈색 물질로 변화한다(사과와 배를 잘 랐을 때).
- ㉡ 효소적 갈변 방지 : 가열처리, 온조 조절 및 산소 제거(과일의 껍질을 벗겨 설탕물 또는 진공포장 하는 법)

② 과일 저장법
- ㉠ 냉장법 : 0~10℃ 정도의 온도에 보관 및 저장
- ㉡ CA 저장(가스저장) : 공기 중 이산화탄소, 산소의 농도를 과실의 종류 또는 품질에 맞게 호흡작용을 억제하는 법

③ 야채 조리 시 색 변화
- ㉠ 엽록소 : 지용성 색소로 물에 용해되지 않그 알칼나나 산 가열에 의해 변색된다.
- ㉡ 안토시아닌 : 산성용액에 안정하여 적색이 더욱 선명하지만, 산을 가하면 적색으로 환원된다.
- ㉢ 카로티노이드 : 물에 녹지 않으며 지용성 색소로 기름에 녹으며 공기 중 산소와 접촉되면 산화 및 퇴색된다.

④ 야채 저장법
- ㉠ 움저장 : 땅속 1~2m 정도의 깊이로 땅을 파고 그 속에 저장한다.
- ㉡ 큐어링 저장 : 환기, 온도, 습도 등의 조절에 의해 야채의 상처를 제거하고 한다.

8. 해조류

① 해조류의 분류
- ㉠ 녹조류 : 파래, 청각, 클로렐라
- ㉡ 갈조류 : 다시마, 미역, 모자반, 톳
- ㉢ 홍조류 : 김, 우뭇가사리

9. 통조림

① 4대 제조공정
  ㉠ 탈기 : 밀봉하기 전에 용기 안의 공기를 제거하는 방식이다.
  ㉡ 밀봉 : 식품의 변질을 막기 위해 미생물과 공기의 접촉을 차단한다.
  ㉢ 살균 : 밀봉 후 발육 할 수 있는 미생물을 105~115℃의 고온에서 가열 및 살균시킨다.
  ㉣ 냉각 : 살균이 끝나면, 품질의 변화 및 부식을 막기 위해 38~40℃로 찬물에 급히 냉각시킨다.

10. 기타 조리 원리

① 냉동법 : -30~-40℃의 급속동결은 드립(Drip) 현상을 줄일 수 있으며, 식품의 조직도 거의 파괴가 일어나지 않는다. 일반적으로는 0℃ 이하에서 수분을 동결시켜 식품을 보존한다.

참고 문헌

———— 고영숙 외, 〈대한민국 조리 기능장 총서〉, 에듀팩토리
———— 김미라 외, 〈식품위생 안전성학〉, 교문사
———— 히로타 다카코 외, 〈식재료 사전〉, 성안당
———— 전도근, 〈아동요리교육의 이론과 실제〉, 교육과학사
———— 〈농식품 백과사전〉, 농림수산식품 교육문화정보원

아이손요리학교
아동요리지도사 1급

아이손요리학교
아동요리지도사 1급

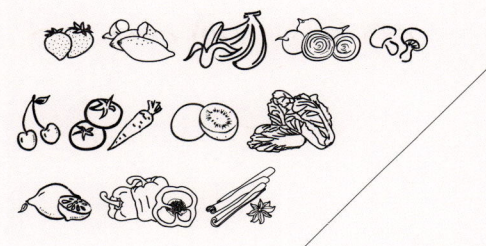

아이손요리학교
아동요리지도사 1급

아이손요리학교
아동요리지도사 1급